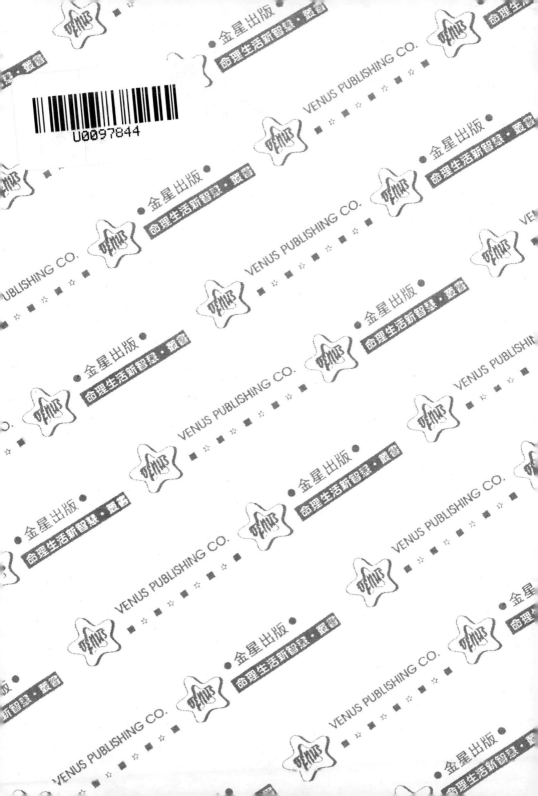

命理生活新智慧・叢書 20-2

實用紫微斗數精華篇

《三版修訂版》

法雲居士⊙著

金星出版社 http://www.venusco555.com
E-mail: venusco555@163.com
venusco@pchome.com.tw
法 雲 居 士 http://www.fayin777.com
E-mail: fayin777@163.com
fatevenus@yahoo.com.tw

金星出版

國家圖書館出版品預行編目資料

實用紫微斗數精華篇《三版修訂版》／
法雲居士著， --臺北市：金星出版：紅螞蟻總經銷，2000[民89] 第1版. — 2008.08[民97年8月]三版修訂版 面；公分--（命理生活新智慧叢書；20-2）

ISBN 978-957-8270-90-9 （平裝）

1.紫微斗數

293.11 97013766

實用紫微斗數精華篇《三版修訂版》

作　　者：法雲居士
發 行 人：袁光明
社　　長：袁靜石
編　　輯：王璟琪
總 經 理：袁玉成
地　　址：台北市南京東路三段201號3樓
電　　話：886-2-25630620，886-2-27550850
傳　　真：886-2705-1505
郵政劃撥：18912942金星出版社帳戶
總 經 銷：紅螞蟻圖書有限公司
地　　址：台北市內湖區舊宗路二段121巷19號
電　　話：(02)27953656(代表號)
網　　址：http://www.venusco555.com
E-mail：venusco555@163.com
venusco@pchome.com.tw
法雲居士網址：http://www.fayin777.com
E-mail：fayin777@163.com
fatevenus@yahoo.com.tw

版　　次：2000年第1版　　2008年8月三版修訂版
登 記 證：行政院新聞局局版北市業字第653號
法律顧問：郭啟疆律師
定　　價：350元

行政院新聞局局版北字業字第 653 號
(本書遇有缺頁、破損倒裝請寄回更換)

ISBN：978-957-8270-90-9（平裝）

再序

『實用紫微斗數精華篇』這本書再版了，這本書原是承續了『三分鐘算出紫微斗數』，從運算進入實際論命的部份。這本書是將紫微斗數的來龍去脈清楚的說分明的一本書。也是廣泛應用到命理檢驗的一本書。這是初學者進入紫微斗數必需瞭解紫微命理內涵的一個過程。所以我稱它做『實用紫微斗數精華篇』。

在這本書出版不久，有一個小插曲，有一本和此書同名的命理書出現了。當出版社的編輯人員告知我時，我也很有興趣的到書店去觀看。居然發現到那本同名書中有諸多謬誤。（此問題在我另一本書『假如你是個算命的』一書中有專文談及。）當時心下一冷，立刻感覺到此事不妙，這本同名書一定會影響到我這本『實用紫微斗數精華篇』的銷路問題。同時也會混淆了紫微命理的正道。讓讀者無所適從，或有人會在學習之道上有了偏頗的困難，再回正道，已浪費了許多的時間和精力。雖然我心中有些鬱悶，但這也是無可奈何的事情。只能靠讀者自己去辨別真偽，靠讀者自己去認清事實了。所幸的是：真金不怕火煉。這本書得到讀者的肯定，又再度再版了，中間還經過缺貨告急的過程，不但讓出版社大鬆了一口氣。我也再次對本書做一次全面的審核修正。以不負讀者的厚望。

其實一直有讀者給我寫信、傳真，或有論命者當面向我問及，有關市面上命理書眾多，但內容說法常有兩極差異的問題，不知要何去何從，如何辨別真偽對錯？

這個問題當我是命理初學者時也時常遇到。我的方法就是買了許多書來相互參考比對，當發現某一個問題的答案有好幾種時，也尋找斗數原書來應證。當然，在我頭幾年為人算命的生涯中，從親身體驗的印證中也帶給我很大的幫助。所以，對命理有興趣的讀者，只要常去參考，必會發覺那一位作者的言論是可信度高的。自己再在空閒時從自己周遭的人物、事物來取材，幫自己的的親人、朋友多排幾個命盤，多算幾個命，多演算，再從中找到真切的答案。漸漸的，你所買的書都會是高水準、立論精闢、有用的書了。並且你也可以立即辨明命理上的是非真偽了。在這段探步的

實用紫微斗數精華篇

過程中，可能要經過一、二年，你會覺得時間太長。但我想這是一個能增加自己功力的過程，也是我親身的體會所做的中肯建議。唯獨靠自己才能找到真實的學問和真理。

有些讀者和學生向我抱怨，現在的書都很貴，隨便買一買就要上千元了。我也覺得書很貴，我也常買一些財經資訊或文學方面的書。但是我想到買這些書是對我人生的一種投資，從幾百元的書中得到一些更新的知識和資訊時，我便不會心痛了。有些人說：『買書沒什麼！就怕買到內容不實在，觀念有問題的書，是浪費了！』我想，太多人有這種經驗了，很少有人能說終生不做傻瓜，除非他不看書、不買書，實在不可能一輩子買的書，每本都是非常實用的書的。只有多看書、多買書，我們才會精明，才懂得好壞。浪費只是短暫的、少數幾本而已。要是這麼計較，你永遠也學不到精明之法了。這是我對讀書的一點建議。願與讀者共勉之！

法雲居士　山居謹識

原序

最近接獲許多讀者的來信，都說是『紫微斗數的星曜我們都知道，但是要如何運用？並看出命理格局呢？』

在我覺得這是一個大題目。簡而言之，就是如何從命盤上星曜的分佈來觀看命盤，從而得知人一生的榮辱、吉凶、金錢的得失、感情的歸依、快樂呢？

一般來說，在紫微斗數入門以後，接下來的階段就是看人性格的善惡、思想的趨勢、六親的緣份、命格的高低、財源的多寡、福份的厚重。最後才來斷人的生死日期、劫難的大限、人生命程的衝突點、關節要衝。但是現在的人，都比較急躁，常想一下子就全都要明瞭。於是東看一點、西學一點。看一本書也常是前面翻翻，後面翻翻，而省略了中間的過程。因此常覺得自己無論怎麼學，都學得是不夠完整的。試想一下，若一個人的一生，是過完幼年期，便跳到老年期，省略了青年和壯年這兩個時期，人生

實用紫微斗數精華篇

不是一樣會很恐佈嗎？因此我覺得凡事還是按步就班來才不會有遺憾？

這本『實用紫微斗數精華篇』，是我承續了『三分鐘算出紫微斗數』這本書之後，再將命盤解析的方法做更進一層的解說。前者是精密快速的演算方法，後者是實地操練的密訣心經。經過我重新規劃，把前人的智慧結晶和我自己多年相命的經驗相結合，做一個有系統的紀錄，因此我稱它做『實用紫微斗數精華篇』。

近來也有許多人想投入『相命』這個行業而求教於我，希望能有快速學得一技之長的方法。其實我在寫這些有關於紫微斗數的書，和推廣紫微斗數生活化的原意，就是希望人人都能做自己的相命師，自助助人。雖然社會大眾很需要相命師，但是相命師的社會地位始於不高，最主要的關鍵是資質參差不齊，常有詐騙欺詐之事，讓社會大眾心存懷疑。因此我覺得最好的方法就是求人不如求己，自己做自己的相命師便萬無一失了。

至於要如何精於此道？便只有一個實在的笨方法了！那就是多看書和多演算命盤了。集書上的經驗和本身實地操作的經驗，經年累月總是會有一番成就的。

實用紫微斗數精華篇

昔日我在考大學時，花了三個月的時間苦讀而成功。我常將此經驗告訴我的子侄輩們，只要認真努力，實實在在的把心放在書上，三個月就可考上理想學校。現在我也想把這個想法告訴想精通紫微斗數的朋友們，拿出你們考學校的勇氣來，稍加努力，三個月的時間也會非常精進的。在此預祝各位成功！

法雲居士　山居謹識

命理生活叢書 20-2

實用紫微斗數精華篇《三版修訂版》

目錄

《宮位篇》

實用紫微斗數精華篇

《星曜篇》

前言

通常喜歡研究命理的人，有兩種人。一種是對於還沒有到來的時間領域中的事物感到興趣，也就是對未來的世界充滿好奇的人。另一種人則是在人生中，遇到一些轉折點，而想利用對命理的研究來解釋自己生命歷程的人，這種人是屬於『認命型』的人。他們拼命想利用對命理的一些基本常識，把自己所遇到的挫折感或不幸的感覺做一些合理化的附合。這種『認命型』的人，通常會將命理與宗教的輪迴學說混在一起，攪來攪去，最後連自己也弄不清到底是『命該如此』，還是『迷信至此』的地步。

真正研究命理的人，都知道命理的學說是涉及曆法、天文、氣象、地理、大自然的脈動、植物生長等的科學。沒有對這些科學知識具有一定的水準，便很難學好命理學。而現今一般人將命理的書籍，大都歸為宗教類，真可說是風馬牛不相及的事。

黃帝時創漏水制器，以分晝夜。在堯典中記載：一周年有三百六十六日。

實用紫微斗數精華篇

現今所用的陰曆則是以一年只有三百六十日，多出的時間，積三年置一閏月。但是仍有餘日，又在兩年半後再置一閏月。

隋朝時『天文志』裡記載已有製作『璣衡』以視星辰轉移的現象。在漢朝以後稱這種儀器為『渾天儀』。繼而將天空中的星曜分出宮位與度數出來。現今雖然中西方在天文星宿上對星曜的名字稱謂有所不同，但對於講究黃道十二宮，以及重視星曜的位置度數，計算星曜運轉進行的度數是沒有什麼分別的。因此我們可以很驚訝的發現在古代的中國，其天文科學的水準竟是如此超前於西方了。

到底星曜運轉的度數與我們的命理學有什麼關係呢？這就是下面我所要談到的一個問題：

有許多命理初學者常在執疑的一個問題：

為什麼同年同月日同時生的人，八字相同，卻仍有命運各異的結果？

這個問題從科學命理的角度來講，雖是八字相同，出生仍有先後順序，每個時辰，有兩個小時，時中有時分的不同。

同年、同月、同日、同時生的人，其命宮之位相同，命宮主星也相同，但其星曜所行之度數則不同，此所謂『同宿而異度』了。

在命理上，人之『命主』本於太陽。而『身主』由太陰所出，而太陰月亮行經之度數為『身度主』，太陰一日可行十三度。當我們出生之時，是得『身度主』之元氣而誕生的。因此在命理上，『身主』重於『命主』，『身度主』重於『身主』。『身度』之宮即是『身宮』。

也就是說：在一個生命出現在宇宙中（出生）時，命理學家就以太陽和月亮當時所存在的角度，做一個宇宙標的，畫出經緯度。而這個經緯度的中心點，我們以『八字』來稱呼它。兩個人雖出生在相同的宮位中，但後生者因為月亮的移動，實則已不是同一個經緯度了，故而身宮所落之『標的』不一樣，其命理自然有所差異。因此在論命時，其精細的角度是必須重視的。

還有一個問題也是許多人常在置疑的：

有人認為紫微斗數的格式只有一千四百四十個，難道所有人的命就全包括在其中了嗎？

這些以為斗數命盤只有一千四百四十個形式的人，是以斗數命盤上有十二宮，以此十二宮的倍數去計算而得到的結果。

而紫微斗數之所以名為紫微斗數，其不但注重黃道十二宮的宮位之位置與度數，更是以紫微北斗星為主，要計算環境四周的斗星度數。而我們一般用星曜入宮的概率組合，也只得十萬個左右的命盤組合。難道這十萬個命盤組合就可包括全人類的命了嗎？

紫微斗數其實包括很廣泛，若真正想要精通紫微斗數的人，不但要對宮位躔度（星的位次）要熟悉，更應瞭解生剋的原理、身主、命主星度的關係，太陽、太陰的旺弱救援，更應對七政四餘，五星經緯命理有詳細的研究。這些種種不同的特質、相異點而形成的不同格局的組合，實在已超出數百萬、數千萬個相異的命盤。

我們再以古人為例，生於公元一千年多年前的成吉思汗，其八字是乙亥、庚辰、癸丑、戊午。其命宮是紫微化科、天相、文曲。財、官二宮是武府、廉貞。日元癸水生於三月，辰宮又為水墓，必須走金水運才能主貴富強。因此成吉思汗生於北地是喜神得用。而現今台灣有一人與成吉思汗的八字相同，則未必有那麼不可一世的運氣了。一方面是命星斗轉星移的結果，再而是台灣地屬東南木火之地，為忌神當道之理，無法扶助生吉。

因此我們知道，命盤格式雖然只有十二個，但各個條件的概率組合實在不盡相同，這就是有許多人，大致的命盤格式相同，而其命運的本質仍有不同的緣故了。

在這一本的『實用紫微斗數的精華篇』中，我希望能盡我所能的為你解答紫微命理的疑惑，使這本書成為你最好的命理朋友。在此與喜愛紫微斗數的朋友們共勉之！《有關喜用神的問題，請看法雲居士所著『如何選取喜用神』》

實用
紫微斗數
精華篇

宮位篇

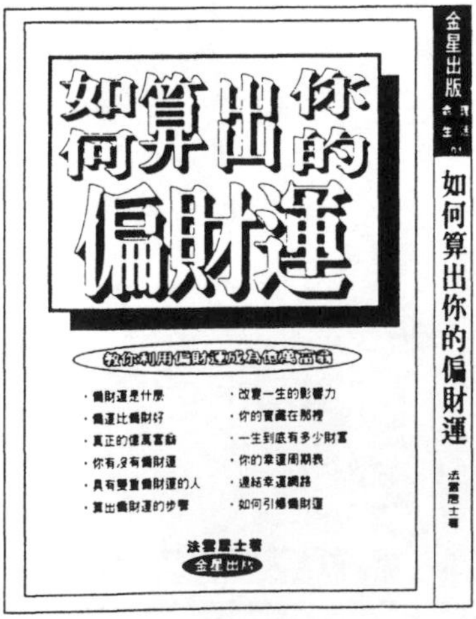
金星出版
如何算出你的偏財運
·偏財運是什麼
·偏運比偏財好
·真正的億萬富翁
·你有沒有偏財運
·具有雙重偏財運的人
·算出偏財運的步驟
·改變一生的影響力
·你的寶藏在那裡
·一生到底有多少財富
·你的幸運周期表
·連結幸運網路
·如何引爆偏財運
法雲居士著
如何算出你的偏財運
法雲居士著

1 紫微斗數中的宮位介定

1. 黃道十二宮與命盤十二宮的形成

人生長在天地之中，受太陽和月亮的影響很深。命理也是一樣，整個的命理學，不分門派，全都是以日月做為一個基礎發展出來的學問。雖然紫微斗數以紫微北極星為尊。但仍是以日月的起落為歸依，演算移動的角度，以太陽行經的軌跡為黃道，以三百六十五又四分之一度為一周天，分配成十二宮，此即為黃道十二宮。而命盤上的十二宮也就是以此依據而來的。黃道其實並不是正圓，有一點橢圓，因其數值和圓周三百六十度很接近，故而我們現今都以圓形的圖案來畫周天。把黃道十二宮分成每宮三十度，此為省略之數了。

由後面的圖例，我們可以知道，紫微命盤的形式其實就是從黃道十二宮的形式轉變而來的。但是命盤十二宮的形式同時也展現出太陽對地球照耀的關係。

黃道十二宮

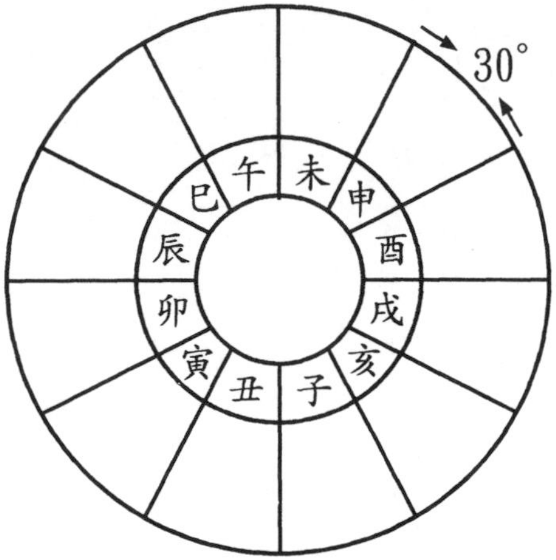

命盤十二宮

巳	午	未	申
辰			酉
卯			戌
寅	丑	子	亥

2. 太陽、太陰、紫微等星如何在天體中影響我們

太陽的影響

太陽對人對地球的影響，依其光芒的變化，在十二個宮位有所不同。這十二個宮位同時也代表著十二個時辰。

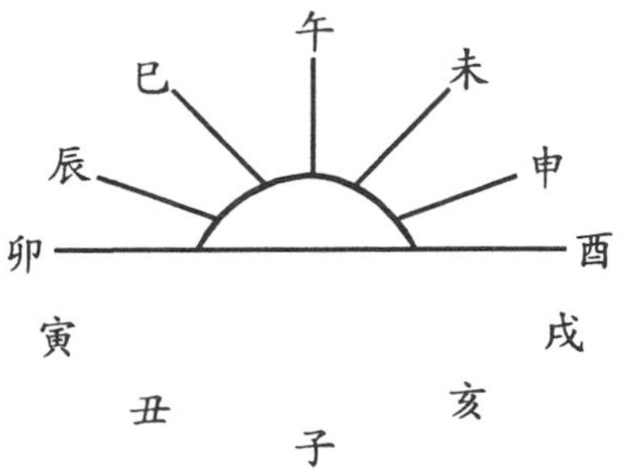

太陽在『寅、卯』為『初升』，在『辰、巳』為『升殿』。

在午為『日麗中天』。在『未、申』為『偏垣』。

在『酉』為『西沒』、『西墜』。

在『戌、亥、子、丑』為『失輝』。

這也就說太陽在寅、卯、酉等時間和宮位時是在與地平線成一直線的地方。而在辰、巳、午、未、申等時間和宮位時是在地平線之上。而在戌、亥、子、丑等時間和宮位時，是在地平線之下，

故而沒有光芒了。

但必須注意的一件事：太陽在宇宙中是恒星，其光芒是持續的照射著地球，當行經戌、亥、子、丑等宮位時，只是隱蔽到地平線以下的地方，是永遠不熄滅的，而戌、亥、子、丑等宮位只是背光的情形罷了。屬於亮度暗弱的部份。並不是完全無光。此觀念必須要建立，否則將來我們論命至太陽坐命戌、亥、子、丑等宮的人，有些人便會以一概全的認為，太陽居陷坐命的人，命運都是極差的。其實這是不一定的。他們雖會出現某些運程晦暗的特徵，但也會有機緣或特別的助力可以增強改善命運，走向富貴之途的。

太陰的影響

太陰即是月亮，其光輝是受太陽反射而呈現的，它對地球上的潮汐，農作物的影響很深，對人的影響更為深遠。

太陰在命理學上重其朔望的晨昏度，也就是上弦與下弦的關係。如太陰坐命的人，必須是夜生之人為佳。白日生的人，即使是命坐旺宮亦必需扣分，富貴會稍有瑕疵。

太陰既然和太陽的關係相互依伴，它除了和太陽在丑、未二宮同宮相遇之外，便依次逆時針方向向右移轉。太陰一日行十三度，每三日便移一宮。太陰移動的度數將影響身宮的落點。

太陰代表內在的情緒感受，太陽代表外表的光華眩麗，互為表裡。他們所處的宮位將會影響人一生的生命歷程和運程起伏。

紫微星的影響

在紫微斗數中當然首重紫微星。最主要的原因就是：紫微命理真正的真髓是研究紫微星和太陽、太陰等三合、四方的角度問題。紫微星和太陽、太陰、七殺等中天斗星遙遠相望，而以紫微星為尊相隨。『帝居動則列宿奔馳』。即是其理。

所有的星曜也依其在宮位的分布而有一十二垣數，定在三十六位明暗度，入廟為奇，失度為虛。星有同躔（星的位次），數有分定，只要先觀看紫微星的躔位，各星垣失度之分便立可明確分曉。因為只要紫微星落座確定，天儀之象便已出現，列宿排列組合便已確定在何宮位、旺弱度數便可確定了。

紫微星控制著列星的躔位，垣數旺弱，其影響是命理真正的主宰者。

斗數論命中，以紫微星在十二宮位中出現的地方，訂出十二種命盤格式，每個命盤格式中星曜都有不同的排列組合，也是以紫微星的旺弱為依歸變化而來的。

3. 宮位所屬

子土寶瓶齊青位。丑土摩羯越揚州。寅木人馬燕幽地。卯火天蠍宋豫求。辰金天秤鄭袞分。巳水雙女楚荊丘。午日三河周獅子。未月巨蟹秦雍留。申水益魏陰陽位。酉金趙冀是金牛。戌火白羊魯徐郡。亥木雙魚衛豳收。

以生剋來講：子丑合土、寅亥合木、卯戌合火、辰酉合金、午未合日月、巳申合水。

子宮合土，為寶瓶座，在中國地理位置上，屬於山東一帶。

丑宮合土，為摩羯座，在中國地理位置上，屬於浙江紹興、揚州一帶及福建等地。

寅宮合木，為人馬座，在中國地理位置上，屬於河北省一帶。

卯宮合火，為天蠍座，在中國地理位置上，屬於河南省一帶。

辰宮合金，為天秤座，在中國地理位置上，屬於陝西、河南、河北、山東交界地，古代九州之一袞州的地方。

巳宮合水，為處女座，在中國地理位置上，屬於湖南、湖北、四川、貴州的一部份廣西全部以至廣東北部，古代九州之一的楚地。

午宮合日，為獅子座，在中國地理位置上，屬於河套區域。

未宮合月，為巨蟹座，在中國地理位置上，屬於陝、甘地區。

申宮合水，為雙子座，在中國地理位置上，屬於陝西南部及四川地區，包括漢中盆地。

酉宮合金，為金牛座，在中國地理位置上，屬於河北省、山西東部以及黃河以北之地。

戌宮合火，為白羊座，在中國地理位置上，屬於今江蘇徐州、山東袞州、安徽宿縣、泗縣一帶。

亥宮合木，為雙魚座，在中國地理位置上，屬於河北省南部、河南北部，包括陝西省邑縣以西的部份區域。

我們可以發現在中國地理位置上，由於宮位所屬的不同，其地區的民族性與歷史也有不同的特性。例如：處於申位，屬於雙子座的陝川地區，自古便是黃巾之亂、白蓮教的發源地。後來共產黨也是在這個地區成長的，因此不能不說此地區是處於雙子座好變動的地區了。

現在來看看台灣是地處何方位呢？台灣是坐在『丑宮』，屬於摩羯座。當然也具有地支丑位與摩羯座的必然特性。從歷史的角度來看，台灣之對於中國大陸，始終是個化外之地，所能管到的時間不多。台灣與大陸地層結構同屬一個大陸版塊，而與丑宮相對的就是未宮。數年前新疆地區發生暴動，這個地區就是坐在未宮的位置。丑、未二宮既相對而又相互影響。故而在那一段時間內台灣與大陸的關係也極為緊張。因此我們也可體認到座落的宮位其實也會影響到它的歷史發展與動向的。

地支十二宮的意義

地支為子、丑、寅、卯、辰、巳、午、未、申、酉、戌、亥。地支十二宮，因用地支的關係，亦稱做『十二地盤』。在命理結構上，代表一天有十二個時辰，與一年有十二個月份，以及十二生肖年份，關係非常大。這在細推流年、流月、流時的時候，是非常有用的。

地支十二宮圖

巳	午	未	申
辰			酉
卯			戌
寅	丑	子	亥

地支十二宮同時也是命盤十二宮。分別是命宮、兄弟宮、夫妻宮、子女宮、財帛宮、疾厄宮、遷移宮、僕役宮、官祿宮、田宅宮、福德宮、父母宮。

其中命宮、兄弟宮、夫妻宮、子女宮、僕役宮、父母宮為『六親宮』。

而財帛宮、疾厄宮、遷移宮、官祿宮、田宅宮、福德宮六宮為『因緣宮』。

『六親宮』與人有關，故又稱『人宮』。『因緣宮』與事有關，故又稱『事宮』。

十二地盤中的每一個宮位都分別代表不同的意義，例如它們代表季節、月份的更佚，代表太陽運行的角度，代表運氣運行的旺弱等等，十二地盤的宮位更代表了它內在所司權主事的演化過程與原理。

我們可由值年星宿所處在十二宮中的情形，來瞭解自己的本命與天道循環中的相互關係。同時這個關係也就是每一個人的命主值星。

值年星宿皆是以北斗星曜組成。

將值年星宿放入紫微命理的十二宮中時，原來天地間的循環過程是這麼樣的一個關係，生命的起始，也得到了解答。而你倘若是命宮辰宮的人，你就是命主為『廉貞』的人，在性格本質上會具有企劃、經營，多思多慮的特性了。

1. 十二宮主宰

子宮：以**貪狼星**為主宰。貪狼屬木，是種子。貪狼也是慾念之開端，屬於生的慾念，行動的慾念，發起的慾念。因此坐命子宮的人，命主為貪狼，皆有衝動、貪念較多的特質。

武曲 巳	破軍 午	武曲 未	廉貞 申
廉貞 辰	命主盤		文曲 酉
文曲 卯			祿存 戌
祿存 寅	巨門 丑	貪狼 子	巨門 亥

丑宮：以**巨門星**為主宰。巨門屬水，在土宮，有混清不清，形狀不明，還是雛形，必須再經過塑造才能成相的階段，因此這是個混亂的階段。坐命丑宮的人，命主為巨門，也皆有命程起落大，是非較多的問題。

寅宮：以**祿存星**為主宰。祿存是已稍具形體，有生命力，但是稚嫩的生命，一切都還在初生的階段。像是初生的階段，需要父母的照顧，因此他們是只能吸收，還無法付出的。

坐命寅宮的人，命主為祿存，也皆有從外面環境中獲得的較多，而自身對外界付出的較少的特質。

卯宮：以**文曲星**為主宰。文曲屬水，在卯宮得以養木，代表接受教育，從無知而至開化的階段。這個階段正像小學生一樣，尚無法用教育中所得來的知識加以應用。

坐命卯宮的人，命主為文曲，皆有性情開朗、快活，喜歡學習、愛表現，喜歡向外發展人緣、探求知識的特質。

辰宮：以**廉貞星**為主宰。廉貞屬火，在土宮相生。代表在學習了無數經驗之後，再加以思考、變通，重新創造出新的知識和可資利用的成就出來。

坐命辰宮的人，命主為廉貞，皆有老謀深算、沈靜多思慮，勇於企劃協調的能力。

巳宮：以**武曲星**為主宰。武曲屬金，巳宮巳土生金。代表經過上面用腦的階段以後，便可以得到財富和權力了。武曲是財星，也主權力、武力。這個階段所代表的人生已經成熟了。

坐命巳宮的人，命主為武曲。皆有為財富奔波，為權謀奮力的特質。

午宮：以**破軍星**為主宰。破軍屬水，午宮火旺，故有水火相剋。代表著雖已有財富了，但是為了保衛自己的財富和要競爭得到更多的財富，而須不停的戰鬥。在戰鬥中也會造成更多的毀壞、破敗。

坐命午宮的人，命主為破軍，皆有奮鬥不懈的精神，敢於開拓、創造。但同時也具備浪費、破財的缺點。

未宮：以**武曲星**為主宰。在經過一連串的戰鬥、破壞之後，成功的領導者於是出現，掌有權力和財富，成為強者。此階段屬於人的壯年的時期。

坐命未宮的人，命主為武曲，皆有為人強悍、固執、喜掌權、為人自傲的特質。

申宮：以**廉貞星**為主宰。代表在經過戰鬥、破壞之後，必須加以彌補與建設，這些就必須經過嚴密的計劃與籌謀才可達成。因此要建立領導者的統治力量也必須有管理他人的約束力，這些都屬於運用智謀再創權力與財富高峰的階段。

坐命申宮的人，命主廉貞。皆有足智多謀、愛管事，對財富、權力的問題特別關心的特質。

酉宮：以**文曲星**為主宰。酉宮代表的是秋收的季節，整個形式已穩定，財富需要分配，權力需要分擔，因此需要文治武功來幫忙將成果分給眾人。此階段較重視把文明的發展更精緻化。

坐命酉宮的人，命主文曲。皆是精於算計，有特殊才能，喜歡用文筆做事的人。

戌宮：以**祿存星**為主宰。戌宮是庫宮。將祿存財星典藏於庫，是代表已經收獲的階段了。把財富藏在家中以便休息。

命坐戌宮的人，命主祿存。皆是主富之人，而且精於計算點數。並且是能積蓄致富之人。

亥宮：以**巨門星**為主宰。亥宮屬水，命以水為財。此階段代表，人在富有之後，就會引起別人的不滿干涉，非要加以強制評斷，形成是非干擾，這是一種清算財富，誰多誰少的階段。當然同時也產生了是非混亂。

命坐亥宮的人，命主巨門，皆常有無端混入別人的是非當中的情況，一同吵個不停，但最後自己也弄不清為什麼會被牽入其中。

2. 南斗星主『生、老、病、死』

在斗數中，以南斗星曜代表人一生的生、老、病、死。而這個生老病死的過程，也跟宇宙中任何一個星球的生老病死的過程是一樣的。因此這些南斗的星曜是真正主宰我們生命力的主因。而這個主因，也就是每一個人的身主值星。身主星宿皆是以南斗星曜而組成的。

天機 巳	火星 午	天相 未	天梁 申
文昌 辰	身主盤		天同 酉
天同 卯			文昌 戌
天梁 寅	天相 丑	火星 子	天機 亥

㈠代表『人』的是天府星

天府星代表人整個的軀體，這個軀體包括了健全的四肢，包括了財富，包括了生財、養財的能力等等。人的軀體就好像房子一樣，裡面可裝很多的東西。因此天府星是田宅主，是財庫星，也代表人整個的身體。

㈡代表『精神』的是天機星

天機星代表人的精神、智慧，讓人的整個軀體擁有靈性，有聰敏度，可以經由學習得到智慧。

㈢主『生』是天同星

天同是福星，代表稚嫩的生命，是生命剛開始，有如嬰孩一般，處處受人疼愛，到處受到照顧，而自己不必付出。天同能解厄制化，生命自然成長，故天同主『生』。

㈣主『老』的是天梁星

天梁是蔭星，也是壽星。在生命到了一定的年紀，就會開枝散葉，也會有一定的成就。任何事物到了成熟階段，便會累積成果，福蔭他人，這就是『老』的特性。

天梁也主壽，是長久的意思。可以把『人』這個軀體延長得久一點。

(五)主『病』的是火、鈴二星

無論任何事物或生命，在成長、延續的過程裡都會有暫時停止、不前進或可能導致結束生命的問題，這些統稱為『病』。在人的身體上，以火鈴為病。而以天相為醫生，可以制病為善，使病消除，讓生命轉危為安。

天相能制火鈴之惡而為善，天相有服務大眾的精神，不但在命理中為醫生，能醫火鈴凶星之惡。真正天相坐命的人，實際上也多會從事醫生、法官、律師等行業服務人群的。

(六)主『死』的是七殺星

七殺星主刑剋、夭亡，也是將星，掌生殺大權。七殺星是中天斗星，他的方位在火星、天相星的外側，並保持一段距離。因此這顆主『死』的七殺星並不是會一下子就侵犯過來。七殺是凶星，通常命格強勢的人，主掌有生殺大權。而命格較弱勢的人，則會因火鈴的助虐而刑剋夭亡。

由上述生、老、病、死的一個循環關係，我們就很容易的瞭解自己的生命力有多強、多弱，是否在病位？是屬於智慧靈通的人？還是樂於學習的人？是急燥不安的人？還是享福主壽的人了！

紫微斗數的宇宙觀

很多人對『紫微斗數』這四個字有些疑問。

1. 為什麼叫做『紫微斗數』呢？到底什麼是『紫微斗數』呢？

有一些人認為命盤十二個宮位圖形四四方方的，很像『斗』的形狀。又以紫微星（北斗星）為尊，因此稱這種命理方式為紫微斗數。

2. 另有一些人認為『紫微斗數』是與天文、數學有關的學問，舉凡日月星辰運行的角度，四季、干支的變化，黃道十二宮中星曜移動生變的概率，人生禍福命運的概率都可用數學公式演算出來。再者，也有人提出以河圖洛書，為基本的精神所在，所以稱它為『斗數』。

當然，這些現象也都具備，所以我們也可說『以上皆是』。但是我們在潛心研究紫微斗數之餘，我更要提醒『紫微斗數』的愛好者一個更實際的觀念，那就是紫微斗數的『宇宙觀』。

古代的星相學家、欽天監，在研究太陽、月亮運轉以及四時的天候季節的時候，其實早已觀察到，地球是繞著太陽轉的，而且地球也會自轉，因此而有四季、日夜之分。然而地球、日月，以及這麼多的星辰，到底是放在一個什麼樣的空間裡呢？

古代的星相學家設定它是一個極大……極大……『斗』的形狀的空間，這就是古代星相學家心目中『宇宙』的形象。事實上證明，現今天文學家所發表的，我們所處的這個銀河系統，實際也很類似『斗』的形狀，側面圖看起來很像一個飛碟或是眼睛的形狀。正面是橢圓形。

同時古代星相學家也發現冬日短、夏日長，四季分明的問題，以及更多的時間與氣候的差異，於是他們知道太陽也是在繞著一個東西轉。而將此物稱做『斗宿』。現今證明太陽是繞著本銀河系的中心在轉，現今的天文學家計算太陽繞本銀河系中心一周，約需二十五億年。

又古代星相學家發現北斗星始終處在地球的上方，也會因季節不同而移動。北斗星是一團星雲，由許多星辰所組成。而古時的星相學家將之定為七個主要的星辰，如貪狼、巨門、文曲、祿存、廉貞、武曲、破軍等。而將離地球極為遙遠的『斗宿』稱之為南斗。事實上現今的南斗正是本銀行的中心。（如後頁圖）

現今的人，常常以為北斗星是我們看得到的。而南斗星中的天府、天相這些星是我們所看不到的，認為這是古人假借名義而做假。其實這是現今的人沒有真正用心去研究罷了。對於這些在地球下方，我們所看不到的星辰，古代的星相學家，將他們稱之為『地星』，即是此理。

另外，現今的天文學家也證明了古代星相學家的觀念，日出在卯，以『卯』宮為日門。卯是東方。證明太陽系正處於本銀河的東方位置。而地球在冬至時的位置正介於太陽與南斗星（銀河中心）之間。受到南斗星極大的磁極效應，拉長了地球與太陽之間的距離，因此冬季較冷，晝短夜長。

北斗星圖

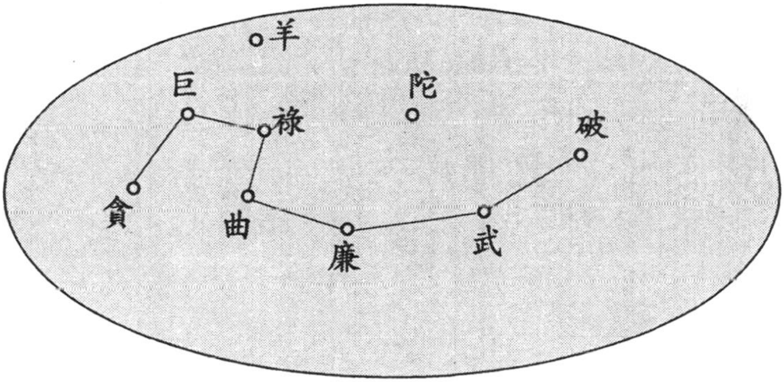

南斗星圖

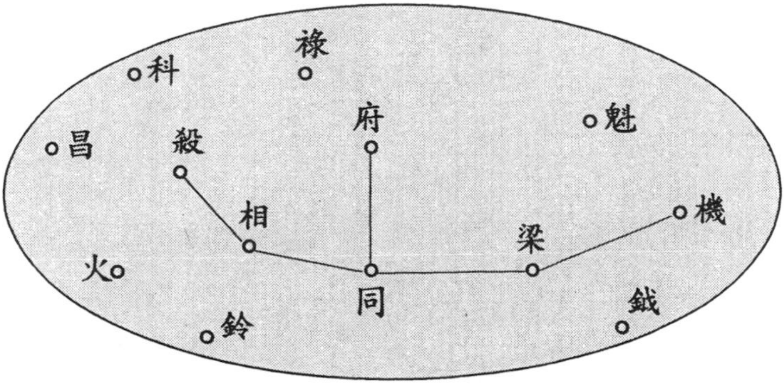

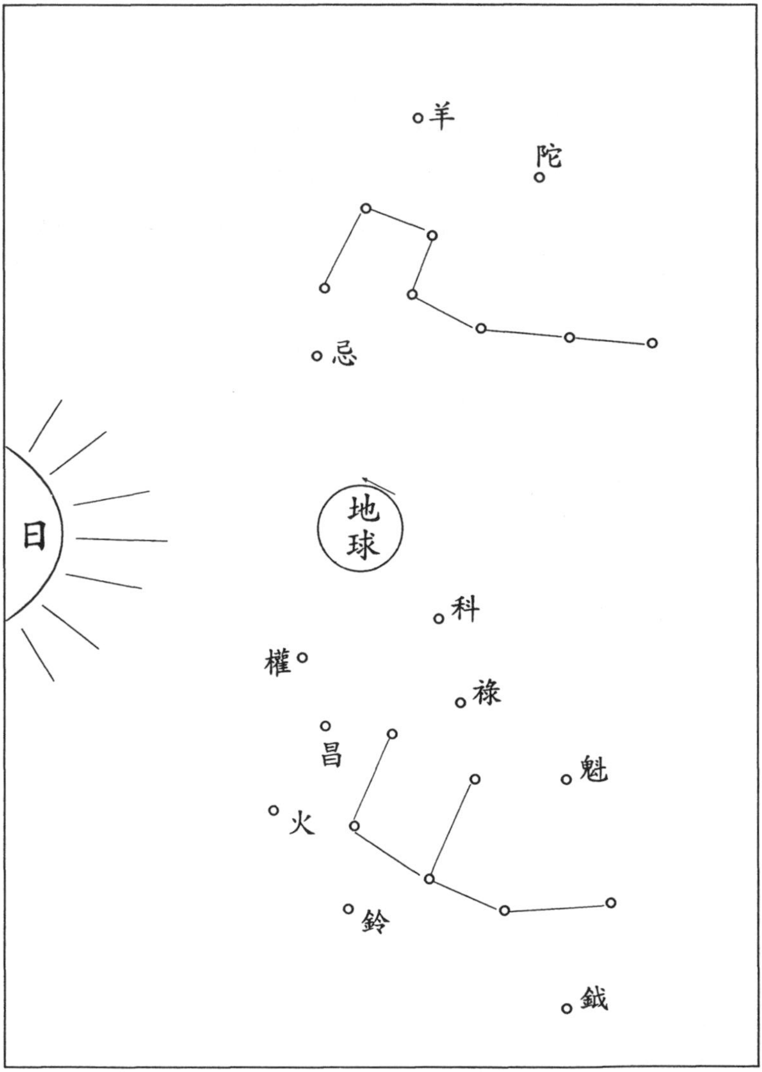
羊
陀
忌
日
地球
科
權
祿
昌
魁
火
鈴
鉞

再則我們以銀河正面的星雲圖來看，其星雲漩渦旋轉的方向，和中國的太極圖與河圖的旋轉方式不謀而合，這也正是我們在製作十二宮時，為何以命宮為主，其他宮位以右轉逆行的方式以應天道祿命之法了。

圖(二)

銀河側面圖

銀河正面圖

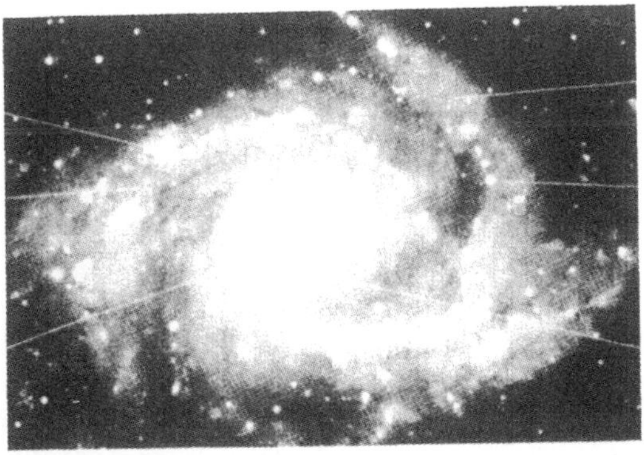

太極圖

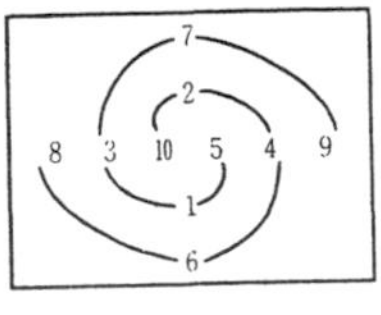

河圖

由上述的觀點看來，古代的宇宙現象和現代的宇宙觀是很接近的。而紫微斗數的宇宙觀更直接應證了現今天文學中的種種現象。

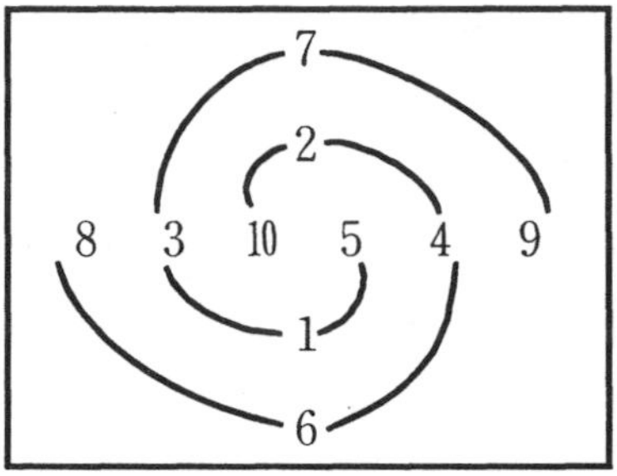

河圖

4	9	2
3	5	7
8	1	6

洛書

南

東 | 西

巳	午	未	申
辰			酉
卯			戌
寅	丑	子	亥

北

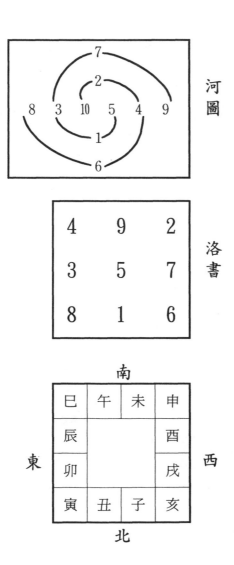

4 斗數開端的演繹

天下第一盤的產生

天地有兩儀之象，陰陽相合，以致萬物育生。坤為母，為萬物育化之根本。我們以洛書順行為陽，逆行為陰。

先天巽位，後天為坤位。如左圖，在洛書中，2、8之位互換之後，陰陽相合，天地萬物由此而生，人命皆有造化矣。

洛書

《順行》

4	9	2
3	5	7
8	1	6

《逆行》

6	1	8
7	5	3
2	9	4

斗數中以坤位為命宮，而以紫微、天府同坐命宮，即是將北斗星與南斗星齊放置於孕育萬物的母體之內。北斗星與南斗星為祿命學中至尊至貴至吉之星，因此斗數第一盤因而產生，一般通稱『天下第一盤』。

『天下第一盤』的出現不但展現了人自母體孕育誕生之後，歷經成熟階段，而遇到不同的人、事、物，更展現因這些外在的關係牽扯附會所帶來的影響，這就是祿命學。

以後其他的盤皆由此『斗數第一盤』相繼展而來。同時我們也可瞭解到前人陳希夷先生在改良及創造『天下第一盤』時，是有其本源根據的。

命盤十二宮中人宮、事宮俱逆轉

（此為天下第一盤）

子女宮 太陽 巳	夫妻宮 破軍 午	兄弟宮 天機 未	命宮 紫微 天府 申
財帛宮 武曲 辰	陰		父母宮 太陰 酉
疾厄宮 天同 卯	陽		福德宮 貪狼 戌
遷移宮 七殺 寅	僕役宮 天梁 丑	官祿宮 廉貞 天相 子	田宅宮 巨門 亥

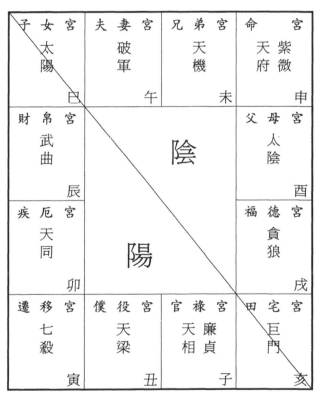

十二地支宮的分類

十二地支宮亦稱做地盤十二宮，其分類有多種。地盤十二宮可以分做三組來談，分別是：

㈠代表『桃花宮』的『子午卯酉』宮。
㈡代表『墓庫宮』的『辰戌丑未』宮。
㈢代表『四馬宮』的『寅申巳亥』宮。

無論『子午卯酉』、『辰戌丑未』、『寅申巳亥』各組的四個宮位，都是呈十字形、四方格局而存在著。

1.『子午卯酉』宮

『子午卯酉』四個宮位是四正宮。因是十二長生沐浴桃花星所在之地，因此也稱『四敗地』，也為『桃花宮』。

子宮為水旺之鄉，火絕之地。午宮為火旺之鄉、水絕之地。卯宮為木旺之鄉，金絕之地。酉宮為金旺之鄉，木絕之地。因此子、午、卯、酉四宮，不但是『四敗地』，亦是『四絕地』。

『卯』宮是太陽初升的地方，為『日門』。『酉』宮是月亮初升之地，亦稱『月門』。卯宮、酉宮皆是陰陽交會的所在，因此有善變的特質。

子、午、卯、酉是太陽運行時四個正時的階段，因此命坐此四宮的人，也會有像太陽一樣忙碌奔波的狀況。又因此四宮是『桃花敗地』的關係，安命於此四宮的人，人緣好，喜交遊廣闊，常會在外遊蕩、玩樂。一生在感情上複雜多情。例如貪狼坐命『子』宮的人，為『泛水桃花』格局。紫貪坐命卯、酉宮的人，為『桃花犯主』格局。因此若坐命此四宮，再有多顆桃花星來會的話，漂蕩、桃花、耗敗的情形將會嚴重影響到一生的命運。

另外，若有好動的星曜例如太陽、天機、七殺、破軍、貪狼、太陰、巨門在子、午、卯、酉宮出現坐命的話，其人多半會從事動盪性的工作，例如外務、外勤工作，或是貿易、運輸、旅行業、記者等既好交遊，利用人際關係，兼而有奔波性質的工作了。

2.『辰戌丑未』宮

『辰戌丑未』四個宮位為『四刑宮』，亦為『四墓宮』，亦稱『四庫宮』。『丑未』二宮為日月交會之地。丑為日宮、未為月宮。但太陽在丑宮落陷，尚無光輝。而月亮太陰在未宮亦不明。『辰戌』二宮，辰為『天涯』，戌為『地角』，各守一方。

『辰宮』又為『天羅』宮，戌宮又為『地網』宮。因此丑、未、辰、戌四宮皆有刑剋的特色。故稱『四刑宮』。又因丑宮為金墓，未宮為木墓，辰宮為水墓，戌宮為火墓，故而又稱『四墓』之地，為『四墓宮』。亦稱『四庫宮』。

在辰、戌、丑、未四宮立命的人，多半態度保守沈穩、思想頑固、為人孤獨、尤其是命坐『辰、戌』二宮的人，內心常有不甘被束縛的感覺，心情較悶，欲掙脫出牢籠，常有反叛的心理。這就是受制於『天羅地網宮』的影響。而命坐丑、未二宮的人常與人寡合，對四周的環境不滿意，是非較多，人生處在不安定的格局裡。

但是命坐四墓宮的人，終究還有一項好運道，那就是落財入庫，財富多矣！因此，命坐四墓宮的人主富。

3.『寅申巳亥』宮

『寅申巳亥』四個宮位為『四生宮』、『四馬宮』。

寅宮是火長生之位，申宮是水長生之位，巳宮是金長生之位，亥宮是木長生之位，因此稱做四宮為『四生宮』，為四生之地。

天馬以三合局取之，申子辰年天馬在寅。巳酉丑年天馬在亥。卯亥未年天馬在巳。寅午戌年天馬在申。天馬只會在寅、申、巳、亥四個宮位出現，故此四宮又稱『四馬宮』。

命宮在寅、申、巳、亥這四個宮位的人，一生會東奔西跑，常常變換環境。不是從事奔波的行業，如軍人、運輸、外務、常出國的工作，就是常常搬家。機陰坐命加昌曲或其他桃花星多的人，會從事演藝歌唱事業，到處去演唱表演。此四宮中也最容易出現動星，如七殺、破軍、貪狼、太陽、天機等星，其環境變換的速度更快。這種特質也影響到他們心理的因素而性格善變。同時也影響到一生的運程，就連天同、天梁這兩顆懶靜的星曜在寅申之地，也不能幸免的需要到處奔波飄蕩了。

命理上以『馬』為祿，是奔馳的財，要動才有財。因此坐命寅、申、巳、亥四個宮的人，不得不奔波生財，靜下來便會財運不順。

在《易經》及《五星》中，寅、申、巳、亥所代表的意義如下：

『寅』宮為人馬宮。

『巳』宮為雙鯉宮。或雙女宮。

『申』宮為陰陽宮。

『亥』宮為雙魚宮。

這四個宮在字面上的意義都帶有『雙』的意義。雙鯉或雙魚。而人馬與陰陽也同時具有一體兩面的結合體。其中的含義就是在天道循環到此四個宮位時間時，就會產生變動或陰陽相互消長，亦或是同時擁有兩種特質的情況。

例如機陰坐命寅宮的人，或武相坐命寅宮的人，亦或是紫殺坐命亥宮或巳宮的人等等。機陰坐命寅宮的人，會擁有天機聰明機巧、太陰柔婉善感的雙重個性。武相坐命的人，會擁有個性剛直兼而服務人群、善良的性格。紫殺坐命的人，性剛猛、威嚴，是兩種個性的混合體，已不似原來單星坐命時尖銳的特質了。

同時，命坐這四個具有雙重意義的宮位裡，又同時具有雙星坐命的人，不但會擁有雙重性格，並且凡事都喜歡以『雙』的倍數來處理事物。例如買東西，喜歡成雙成對。做事時，喜歡加做副業。處理事務喜歡雙頭並進，身兼數職。學習時也喜歡同時學幾樣東西。像這樣的情況屢見不鮮，這也就是雙星坐命，又坐在雙重意義宮位裡的特殊情景了。

6 身命十二宮（身宮隱藏於十二宮內）

身命十二宮的開始當然是從天下第一盤出來的。首先訂出命宮，其他的宮位順序排列。這個排列的格局狀況其實也和我們出生時，剛進入這個世界，接觸這個世界，陸續所遇到的、發生的人事物，有密切的關係。

例如父母生我，因此父母宮在命宮的前一宮。我們到這世界時先接觸到的是家人，因此命宮的下一宮是兄弟宮。成長以後結婚生子，而有夫妻宮、子女宮。此外在人生中需要賺錢、需要朋友、需要名利事業、家宅財富、需要享受。這一切都是在我們一生中直接影響我們最鉅、最可貴的經驗。同時也是包含了我們精神上、感觀上、物質上、身體上最直接的好惡，多一分則吉，少一分則惡。

其中命宮、兄弟宮、夫妻宮、子女宮、僕役宮（朋友宮）、父母宮為六親宮。屬於『人宮』，可看親屬之關係。

財帛宮、疾厄宮、還移宮、官祿宮、田宅宮、福德宮屬於『事宮』。以問事為由。

1. 命理十二宮的緊要看法

子女宮	夫妻宮	兄弟宮	命宮
財帛宮	先天命盤		父母宮
疾厄宮			福德宮
遷移宮	僕役宮	官祿宮	田宅宮

1. 命宮：

命宮在人的一生中佔有重大決定性的關鍵，它在命理中決定你的一生是從『

財』的，亦或是從『貴』的。它不但會決定你一生的命運，也會影響你的職業、思想的模式、生命的長短、財富的多寡、事業的昌盛、人生的起伏、動感、性格的強弱、人性的善惡、相貌的美醜、高矮。與人在人緣上的關係等等。

其實嚴格的說起來，命宮的主星出現，實在已經包括了其他十一個宮位擁有的所有的資訊了。然而命宮也是和其他的十一個宮位有關連的，它們像枝脈一般相互牽引互動著。例如家庭的親屬關係，外在的大環境，可以享受財富的多寡，包括蓄養我們的財，和我們儲蓄的財，以及我們從其他人身上得到的福祉，和我們回報的福祉，這種種的一切，都是和命宮有息息相關的血脈關連，其他的十一宮，不但補足、充實了我們的原始生命，而且也富足了我們一生的命程經驗。使我們的人生更形多彩多姿。

命宮不但可以看出命格高低，也可看出人一生的成就。不但可預知生命的長短，也可預知傷災、血光。例如吉星居旺又有左輔、右弼、文昌、文曲相伴、相夾或同宮、相照的人，命格較高。有擎羊、陀羅在命宮中或相照的人，必有破相傷災等等。而且其人在性格上必然是擁有陰險較凶、喜愛運用計謀的人。

2. 兄弟宮：

兄弟姐妹的關係是我們在一出生時便會遇到的關係。因此**兄弟宮是最能展現你與人相處時的人際關係了**。這個關係雖然是在長期的學習與互動中獲得，但我們往往會忽略它，而讓我們命宮中所包含的個性支配它，而形成不好的影響。

兄弟宮更是看你與同輩的人之間的關係。例如年紀和你相仿的人，朋友、拜把兄弟、合伙人、同事。甚至是當你在外面遊玩時，偶遇的同年紀的人和你相處的關係。因此其層面是非常之大的。

例如兄弟宮不好的人，有煞星破軍、七殺、巨門、擎羊、陀羅、火星存在於兄弟宮中。兄弟宮中有破軍的人，與自己的兄弟姐妹處不好，兄弟姐妹多半是性格豪放不羈、不重禮儀、對錢財浪費，使你產生破耗的人。你在外所交往遇到的同輩朋友，也會有這等人的情況。

兄弟宮中有七殺星的人，兄弟少，只有一人，但彼此相處惡劣。其人在外面也容易遇到凶惡的同輩人。兄弟宮中有巨門的人，兄弟姐妹口角多，是非多，在外面也與同輩人不和，容易有糾紛。兄弟宮中有擎羊、陀羅、火鈴的人，兄弟姐妹多半是你的剋星，彼此會相互剋害，甚至於不來往。而且兄弟宮中有羊陀、火鈴的人，最要小心綁架事件的產生，在外面的人際關係很不好。綁架、危害你的人多半是同輩、同年齡的人，也許就是你的兄弟輩。

兄弟宮中有地劫、天空的人，多半沒有兄弟。倘若是兄弟宮中有巨門和劫空同宮的人，會有同父異母、或同母異父的兄弟，彼此不和，如仇人一般。

兄弟宮雖然表現的是與兄弟姐妹相處的關係，其實正代表著我們幼年時代所處的環境與所受到的教育模式。你的父母怎麼製造你與兄弟姐妹相處時的環境？怎麼教導你與兄弟姐妹相處的方式？這兩個問題實在也是家庭教育的根本。因此在命理上，**兄弟宮配合四化，是可以看出其人母親的個性、長相和與人相處、行事之道的特質的**。

3. 夫妻宮

夫妻宮當然是看配偶運的地方。會娶嫁到什麼樣的妻子、丈夫？配偶的相貌、美醜、高矮胖瘦，與你相處的親密度，婚姻是否美滿，會不會離婚？配偶生命的長短，配偶的職業，配偶一生的成就高低，配偶的性格性向，會不會聽你的話，凡此種種都會在夫妻宮中展現。

同時夫妻宮也是你自己本身表達感情的宮位。夫妻宮中有同陰的人，你是溫和而對配偶多情的人，你會很注意自己身旁的親人，包括配偶或朋友。你對人很體貼入微，感情很細膩，同時也能得到別人善意的回報。並且夫妻宮和官祿宮是對照的。因此你這種體貼、細心的心思，也會發展在事業上，對事業也會照顧得無微不至。

夫妻宮中有紫微、天府、天相、天同這些吉星與穩定的星曜的人，當然是婚姻美滿、鰜鰈情深。但是也不能有左輔、右弼兩顆星出現，否則就算是感情再好，有時也會莫名其妙的離婚再婚。

夫妻宮中有殺、破、狼等星的人，不是要求太多，慾求不滿足，就是自身在感情上喜歡製造問題去脅制他人，本身在性格上就有自刑現象而不自知。在配偶做不好的回應時，更固執剛強的對待，形成相互刑剋的狀況。夫妻宮中有七殺星時就是這種狀況。夫妻宮中有破軍星的人，多半會有多次婚姻，和嫁娶已結過婚的人士。

夫妻宮中有貪狼星的人，對感情有不滿足感，要求別人太多，自己對自己卻有雙重標準，搞外遇的人可能就是自己。而夫妻宮中有貪狼和劫空同宮的人，會因對情人要求太高，而蹉跎了婚期，終身不婚。

夫妻宮中有羊陀的人，對情感有愛計較、陰險狡詐的特質，因此在夫妻相處過程裡不很順利，配偶之間常有既愛且恨的怪異心理，不能自拔。這也是造成許多情殺案的主因。尤其是其人身宮又落在夫妻宮時，這種現象更明顯可怕。

4. 子女宮

子女宮可以看到子嗣的情形。有沒有兒女？有幾個？幾男幾女？子女與自己的關係、親蜜度、奉養自己的關係、子女的成就、職業、子女的性格、智慧、相貌、讀書用不用功？子女宮同時也是看其人性能力的宮位，這個宮位主要是看男人性能力。而女人的性能力要看田宅宮。

子女宮坐貪狼、廉貞、沐浴等桃花星的人，與子女關係並不好，是好淫多貪的人。子女宮必須要坐紫微、天府、天同、天相、天梁這些穩定的吉星，並且要居旺位才好，才會是子女孝順、夫妻關係和諧的格局。

子女在生剋所屬中為『我生我洩』之物，因此**子女宮也可看出，由我們內在精神所產生出來的智慧與才華**。從事藝術、文藝工作的人，由子女宮看才華的顯現與成就。另外做工廠、經營生意的人，也可由子女宮觀看工廠、生意的前途。子女宮有昌曲居旺的人，文華並茂，才氣縱橫。子女宮有煞星、凶星存在的人，生意也有起伏不定的狀況，縱然中途有旺局，但終將功虧一匱。

子女宮和田宅宮是相照的宮位。因此對於人生財富的匯集，也有一定幫助。子女宮和田宅宮皆具有吉星的人，其人一生的財富順暢，生活富裕，不會為錢困擾。子女宮有煞星，田宅宮（財庫）再好，財富也是留不住，並且得不到很好的延續。

5. 財帛宮

財帛宮是看手邊可資應用的錢財。財帛宮好的人，有財星居旺入宮，手頭富裕，要用錢就有錢可用。但是這並不代表其人一定富有。要看是否主富，必須再研究福德宮和田宅宮，相互參考，訂出富局。田宅宮的財是積蓄留存的財。福德宮的財是終生可享用的財，是財的來源。福德宮有天府、太陰等財星居旺，財帛宮再有財星居旺的人，是財的源頭好，賺錢較容易，同時也是享受富足的人。

財帛宮好，有財星，福德宮不好，有煞星、化忌來會的人。財的來源差，因此賺錢辛苦，為人操勞。同時財帛宮代表一個人的表面的衣著和財富。故而上述人會外表衣著光鮮，表面上富裕，著重衣著，私底下卻沒有錢財的。

財帛宮不好，有煞星侵臨的人，進財常不順利。若是福德宮尚好的人，私下的享用還不錯，但不重衣著打扮，有時會有貧窮日子。倘若此人的田宅宮有財星居旺，這人一定是有家財卻花不到的乞丐之命了。高雄有一位過著乞丐生活的貧民，一直無法申請救濟，經警局查證，原來其名下有上億的地產，此人就是此命了。

財帛宮有化科的人，尤其是太陰化科、紫微化科的人特別講究穿著，財帛宮有武曲化科的人講究穿著，但有暴發戶的味道，穿金戴銀有些俗氣，為人也會有些勢力眼。因化科在財帛宮是弱宮無用，代表賺錢的方式是以文質的、講求氣質、方法與技術的賺錢方式。因此有化科在財帛宮的人，絕對不會去做粗重的、勞力式的工作。多半他們是做辦公室的白領階級，或是從事與文化有關的工作。

財帛宮可以看出你賺錢的方式，也就是可以看出你工作的性質。財帛宮有財星的人，例如太陰、天府、武曲等星，你會從事與金錢有關的工作，例如會計、金融類。有武曲星的人，會做生意。武曲單星居廟旺之位時，還會在錢財上具有暴發運，可成為富翁。財帛宮有太陰、天同、天機、天梁的人，你們會做公務員或成為公家機關、大公司的會計、出納、帳房人員，因為你們『命、財、官』都會在『機月同梁』格上，必須有固定的薪水儲蓄致富。

財帛宮有化權的人，能掌管財務的主權，但必須是財星居旺化權才有效。其他不是財星化權的星曜則另有解釋。例如天機化權在財帛宮的人，天機若在子、午宮居旺的話，可在變動中掌握到財務大權。天機落陷時，化權無用，只是在某些場合得一點小錢而已。

財帛宮中以祿星值宮為美局。因此財帛宮中有祿存、化祿定為富局。但是財星陷落加化祿，或是非財星加化祿時，手邊的財只是通順而已，談不上大富格局了。他們會在人緣關係上比較圓滑，討人喜歡，但不能從事自己開業做生意，否則也是會有敗局之累的。

6. 疾厄宮

疾厄宮可看出其人先天及後天的身體上的傷災、病痛。『疾』是內發的病。『厄』是外來的傷害、血光。疾厄宮與父母宮對照，管人一生之壽命禍福。人的身體和財祿有直接的關係，財多身弱的人，享受不到財的好處。在流年不佳時，不是因住院看病耗財，就是會被人倒債，這是可以從流年四化中可以看到的事。

疾厄宮可以看出一個人先天的殘疾。疾厄宮中有天相、天梁居陷，再與羊陀、火鈴、空劫等同宮時，小心肢體傷殘。廉破加凶星亦同。有『羊陀夾忌』格局在疾厄宮的人，容易早夭、智障、傷殘。如太陽化忌，再有『羊陀相夾』在疾厄宮時，有腦性疾病、腦性痲痺、嘴歪眼斜、手足殘障。有廉貞化忌，再有羊陀相夾在疾厄宮時，有血液的毛病、免疫系統的疾病而喪生，亦會有傷災、殘障的問題產生。

疾厄宮也是可以看出一個人的相貌美醜的宮位。疾厄宮裡災星少，吉星多。

其人相貌平整，自然相貌美麗得多，疾厄宮中有羊陀、破耗之星時，傷災與開刀的情況不免、頭面有傷，自然不好看了。

『兄、疾、田』三合宮位也是看家庭遺傳病症的地方。疾厄宮裡有煞星，再加上兄弟宮、田宅宮中有煞星相照的，其家族必然有遺傳性病例。如女命田宅宮中有七殺和羊刃，疾厄宮又不好的人，必定子宮有疾病會開刀，影響生育，其家族中養育子女都不是很順利，會有單傳或絕嗣的狀況。

7. 遷移宮

遷移宮是看除了我們己身之外的大環境好壞的宮位。我們剛出生時，家庭中的人員與氣氛就是我們最先接觸的環境。因此父母、兄弟姐妹對待我們的態度，與家庭富裕安祥與否？這種種的跡象都成為我們遷移宮的範圍。成長後到學校，學校的環境是我們的遷移宮。出外工作、遊玩，外面的場所、辦公室以及談生意的對象、交談的對象。所遇到的人、事、物，都包含在我們的遷移宮範圍之內了。

遷移宮有吉星的人，一生所受到的待遇較好。一生的遭遇也都能化厄呈祥。遷移宮有殺、破、羊陀、火鈴等煞星的人，不但在外面容易有傷災。而且終其一生在外面會有與人衝突的狀況。人是受外界環境影響最深的，它可以改變塑造你的性格。遷移宮中有紫微、天府、天相這些吉星的人，從小受到父母的疼愛，在外面也能得到很好的待遇，因此性格穩定，做事容易圓通，成功的機會較大。

遷移宮中有煞星的人，因與命宮相對照，會直接影響人的個性，有時候這種有刑剋特色的命格，反而因為外在環境的磨鍊，而能有所思考奮鬥，也能成就大事業。這其中以遷移宮中有擎羊星的人，奸險多慮，最為厲害。我們可以看到有許多政治人物的命格中，不是命宮中有擎羊星，就是在遷移宮中有擎羊星相沖照命宮，而有所作為的。

遷移宮中有財星時，財星居旺，其人一生賺錢容易，人緣好，物質享受也很豐富，是一個好命的人。有化權、化祿來會更好，其人頭腦聰敏，再有『命、財、官』三合宮位的吉星配合，能成就大事業。若財星居陷時，其人在外賺錢就不容易了，奔波勞碌的情況嚴重。

遷移宮中有福星天同、天相等，都會有平順的好際遇，能解厄呈祥。天相能解火、鈴之惡，也就是說外面的環境再火爆，遷移宮中有天相的人，都能擺平火爆的場面。我們看：有紫破、武破、廉破坐命的人，擁有這樣的遷移宮。事實上這三種命格的人都有強悍的個性，不畏強權惡勢力，敢於一拼，這種強勢壓制別人的力量，其實是以暴制暴的精神所在。但是，在命理和人類生存的環境裡，強凌弱是天道之理，因此遷移宮中有天相星的人，是必然成為強者的。

另一組遷移宮中有天同星的人，是太陰、天梁、巨門坐命的人，因其人本性就溫和，能夠吃虧受氣，不喜與人爭長短，當然在外面遇到的人、事、物自然平和多了。

遷移宮是看成就的宮位，也是看人前程的宮位。遷移宮吉星多的人，向外發展較快速，成就也自然遠大。例如紫殺、武殺、廉殺坐命的人，其遷移宮是天府星。外在的環境就是一個大財庫，只要他們奮力不懈的去努力，便能得到想要的成果，此成果以『財富』為主。

遷移宮同時也是能夠改變人生境遇的一個宮位。例如太陽坐命『子』宮的人，其人本身性格上以及運程上常有晦暗的時期。但是其遷移宮是天梁。只要『陽梁昌祿』格形成的完美，會因讀書考試而出人頭地，完成人生的志業。

遷移宮中有『殺、破、狼』格局的人，一生中在動盪起伏中奮鬥，沒法子靜下來休息一會兒。因為其人的三合宮位『夫、遷、福』都同時會坐在『殺、破、狼』格局上，因此內心衝動不喜靜，做事喜速戰速決。並且福德宮也不好，享不到福，一生操勞奔波，如日月穿梭般的辛苦。

8. 僕役宮

僕役宮就是朋友宮。看交不交得到知心的朋友，看有沒有部屬運，能不能做領導、上司帶人，看朋友得不得力，都是屬於朋友宮的範疇。

僕役宮好的人，有吉星、財星坐旺的人，朋友能幫助你進財，對你有好的影響。例如台灣首富蔡萬霖先生的朋友宮是同梁與祿存在寅宮。光就保險業務一項的估計，每日就有三、四億之的收入。這就是僕役宮好的真實寫照。

僕役宮是看朋友運，部屬運的地方。僕役宮不好，有煞星侵臨的人，常有剛強欺主的部屬和朋友。這種人與朋友、部屬之間的是非多，而且常受害或被連累。無法扛起領導屬下和做上司的責任。家庭主婦僕役宮不好，也無法駕馭傭人，近來有幾件菲傭殺害主人的事件，一方面當然是他們認人不清，更大的問題，就是在於其人本身僕役宮有殺星入侵的結果。

僕役宮不好的人，在交朋友的過程中，或交朋友的方式都有問題，也就是待人處世的方法都有瑕疵，需要檢討。很多人並不瞭解這層道理，一味的只是埋怨別人的不義，而不在自已對人的方式上檢討修正，以致引來『人災』大禍。

僕役宮不好的人，容易遭綁架，這是不爭的事實。尤其是僕役宮為廉破、武殺、廉殺、擎羊、陀羅這些凶星當道時更甚。擁有這樣的僕役宮的人必須小心自身的安全為要。

僕役宮是看『人災』的宮位。流年僕役宮不好時會被人倒債，欠債不還。尤其四化中的化忌星進入流年僕役宮時，與朋友間的是非麻煩不斷。有太陰化忌、武曲化忌是錢財的問題，與人糾葛。有貪狼化忌，是人緣的關係和桃花的問題與人糾纏不清。有廉貞化忌，是官非的問題而起的人災。

僕役宮是可以看到其人『家財』的宮位。我們可由三合宮位，『父、子、僕』三宮來觀察。父母宮代表祖蔭，有財星居旺時，其人與父母的感情深厚，有祖產、父母有錢，會照顧他，屬於源頭好。子女為我們所出的人，其對宮為田宅宮（財庫）相照，因此子女宮為財流通的地方。朋友是人緣、人脈向外溝通發展，也算是助財的宮位，故而這三宮好的人，是命裡注定家財萬貫的人。

僕役宮也是看人前程命途的宮位。僕役宮好的人，有太陽、天梁、天相、天府等星居旺的人，有升官較快的吉運。

僕役宮中桃花星多的人，容易結交較多的異性朋友，做演藝事業會有很好的發展。但是不能有羊陀、火鈴、殺破等星侵臨或相照，否則會形成『桃花劫煞』而不妙了！

9.官祿宮

官祿宮就是事業宮。官祿宮可以看出其人所欲從事工作的性向，適合做何等工作。也可看出其人在社會上的地位層次。例如官祿宮中有紫微星的人，一定可經努力成為某機構或公司最高的負責人、或是決策的人員。

官祿宮可以看出你所從事的行業。例如宮祿宮中有廉殺、廉破等星的人，多半會從事軍警行業。官祿宮中有天府、天同的人會做公教人員，或大機構中的職員。官祿宮中有太陰、武曲的人，會做與金錢有關的會計的工作或生意人的買賣。官祿宮中有文昌星居旺的人，會做與文質、文藝有關的行業。文曲星居旺的人，會做與口才、才藝有關的行業。有巨門星的人，會做業務員、推銷員等與口才有關的行業。有擎羊星在官祿宮時，會做與刀、血光、剛硬不講情面等有關的工作。例如，外科醫生、獸醫、喪葬類、法官、監獄役吏等的工作。

官祿宮是可以看出你的身份地位的宮位。例如官祿宮是紫微星，你必然是到處受人景仰，可以得到別人尊敬，地位崇高的人。官祿宮是擎羊在卯宮或酉宮居陷的人，則必然是宵小之輩或做掃街、殯儀館喪葬業務的人。

官祿宮是看學生時期功課好壞的地方。官祿宮中有太陽、天梁、紫微、天府這些吉星居旺時，學生的功課順利，成績好。反之，有煞星侵臨時，或財星、運星陷落時，成績差。官祿宮若有左輔、右弼等星的人，容易考試重考、或中途輟學再繼續唸。不過，在此人進入工作時期，便會有貴人相助，情況轉好。

官祿宮是看人天資聰穎程度的地方。在人的一生中，『命、財、官』三方是相互影響人命運的宮位。雖然我們從命宮中已可得知此人的聰慧與否，但是如果命宮有吉星，而官祿宮有陀羅、化忌、空劫這些凶星的話，三方照合，也會使其人容易有愛拖拖拉拉、思想扭怩、是非多，不積極、愛自作聰明、思想成熟度不夠，而常常敗事。

官祿宮也是看財運富貴的宮位。官祿宮是財的源頭，是必須付出勞力的財，這個宮位好不好，關係著人一生的財富多寡。官祿宮有擎羊、陀羅、化忌、火鈴的人，事業上常有不順利的事情，若是居陷位更糟，不但在事業運上常起伏不定，在金錢的獲得上更是斷斷續續不順利，會影響到此人的一生無法擁有很多的財富和成就。若是此命的人，福德宮又有紫微、天府這些吉星的話，此人一定是遊手好閒、只會享福的人了。

官祿宮同時也是看人的意志力與有沒有做事的方法與能力的宮位。官祿宮中有紫微、天府、天相這些穩定的星曜，其人的意志力堅定，做事會合情合理，頭腦思路分明，辦事能力強，得人愛戴。同時也是具有領導能力的人。官祿宮中若有火、鈴、巨門等動星的時候，其人善變、講求速度，性情火爆，做事的方法有瑕疵，常會引起糾紛，辦事能力因此顯得不佳。並且無法服人，領導能力也喪失了。

10. 田宅宮

田宅宮一般稱其為財庫。是因中國人有錢便喜置田產宅院之故。『有土斯有財』即是此理。**田宅宮是可看人是否富有的宮位**。田宅宮中有財星居旺的人，縱然財帛宮不美，其人仍是有家產的人，只是手上的現金不多罷了。田宅宮有吉星的人，比較能儲蓄致富。田宅宮差的人，錢財比較留不住，會有大起大落的問題存在。

田宅宮是可以看其家人相處的狀況的宮位，其人生活是否幸福溫馨？家中環境的好壞？家中的佈置與居家四周的環境？生活是否安穩？是不是常搬家遷徙？這些都是在田宅宮所包含的範圍之內。田宅宮中有吉星居旺的人，生活舒適、家人相處愉快較幸福。田宅宮中有巨門、擎羊、陀羅、火鈴、空劫、化忌的人，家中是非多，口角厲害，其人常以此為苦，家中也留不住財，常為金錢煩惱。

田宅宮中有天機陷落的人常搬家。尤其流年宮位在有三合相照的宮位時最驗，若行運到穩定的星曜流年如天梁、天相時，這種搬家的機率便會減少了。

田宅宮可以看出在何時可置房地產。例如流年中吉星化科進入時，便會購置房地產。尤其是田宅宮本宮化科，流年田宅宮又化科時更驗。

田宅宮是可以看出其人家庭環境的宮位。田宅宮中有紫微星時，其人會住在地勢較高，首善之區，地位較高的所在，例如住在首都、大城市、高級住宅區、高樓大廈之內。鄰居的素質也會很高尚。如果田宅宮中有擎羊星的人，其居處常有斷牆、叉路口或二分之房地、或在墳墓旁。而田宅宮中有巨門、陀羅的人亦同，也是居處旁常有雜亂、殘破的潦地、亂石崗、或在墓地旁。此皆不吉。

田宅宮是看女人桃花地的宮位。若女人田宅宮中有廉貞、貪狼等桃花星，再加沐浴、咸池、昌曲等，會感情複雜，為人較淫亂。福德宮也差的話，其狀況更明顯。

田宅宮亦代表女人的子宮，是孕育子女的所在。田宅宮中有巨門、化忌、火星、鈴星、擎羊、陀羅的女子，都會有子宮方面的疾病，常會因此而開刀。有天空、地劫在女子的田宅宮時，常會流產或無法受孕。

田宅宮中有煞星、如七殺、破軍、羊陀、火鈴、巨門、天機陷落、武殺、廉破、化忌、空劫的人，**常是家宅不寧的人**，必須要有耐心，才能尋得幸福。

11.福德宮

福德宮是看人一生的能承受福氣的宮位。此宮中吉星多，自然可享受的福氣較多，生活也會較愉快。此宮中若有羊陀、火鈴、化忌等星，一生的精神狀況都比較緊張，容易對人產生懷疑、險惡的顧慮，思想也較灰暗。

福德宮中有天府星的人，非常熱愛物質享受，對別人小氣對自己大方。有天同、天梁、天相星的人，為人懶惰，喜歡享受現成的好處，自己比較不愛努力。

福德宮中有廉貞、七殺、破軍的人，是操勞不斷，勞心又勞力的人。一生享受不多，較喜愛工作或凡事操心。由於太過操勞，其人的壽命也不會太長。

福德宮是看壽命長短的地方。命宮中的主星雖然能告訴我們壽命的長短，但更要配合福德宮的星曜來看更準。若此二宮中有天機、貪狼、天梁居旺的星曜都主壽。其人壽命較長。有破耗刑星在福德宮的人，壽命較短。

福德宮可以看出人的相貌與人緣桃花。如福德宮中有文昌、文曲星的人，其人的相貌、氣質皆屬上乘，若昌曲同坐福德宮的人，為『玉袖天香』格，貌美好淫，喜進出聲色場所，艷福不淺。同樣的，福德宮中有咸池、沐浴等桃花星或三合宮位照守的桃花星多的話，桃花強烈，人緣雖好，但都是異性緣，很容易形成『桃花劫煞』發生問題。

福德宮、遷移宮、夫妻宮之『夫、福、遷』三合宮位中桃花星缺乏，或太少的人，會有晚婚或不婚的現象。因為所代表的異性緣少，機會較少的緣故。

福德宮中有財星居旺時，其人可享用的財富多，也比較有錢。福德宮中有天同、天相等溫和的福星時，其人的性格溫和，不喜歡與人衝突與競爭，也比較會和人協調，因此是個處世圓滑的人。

福德宮中有天刑、化忌、空劫的人，屬於自刑的人，容易在精神上有自我折磨，愛東想西想，不會把心事透露給別人，性格有點悶，容易有精神疾病，也容易住院、身體要開刀的狀況，他們產生胃病的機率最大。

12 父母宮

父母宮不但可看出我們與父母之間的親蜜度，也可看出父母的相貌、聰明智慧、性格、職業與社會地位。例如父母宮有紫微星的人，其人與父母感情深厚，父母的相貌正派、有氣質、態度穩重、高尚，非常有深知卓見，工作的環境與職位皆是高人一等的地方，一定是管理階級主管型的人物，在工作環境裡，地位崇高。

父母宮同時也代表我們與上司、長輩級的人物、或是比我們年級大的朋友

的相處關係。父母宮中有太陽、天梁、天相等吉星居旺時，我們和長輩級的人物都會相處得很愉快，而且可以受到關懷倍至的待遇。工作時，上司、老板對待我們的態度也會很親切。

父母宮不好的人，有羊、陀、火鈴、殺、破、狼等星的人，與父母緣份淺，不是分離開來，就是不和，或有父母早亡的問題。到了工作的時期，與上司、老板也相處不佳。父母宮不好的人，幼年得不到很好的照顧，必須一切靠自己的努力才行，若是陽年生的男子，陰年生的女子，在青少年行運到父母宮的人，是非常辛苦、可憐的事，這也往往影響其人一生的成就。很可能得不到好的教養而步入岐途。這些問題可從很多幼年是受虐兒童，長大後成為有暴力傾向、胡作非為，不走正道的人身上得到應證。

『父、子、僕』三合宮可以看出你一生中人際關係的助力，這種助力也就是將你一生的成就格局推上最高點的關鍵力量。此三宮是相互影響的。倘若其中有兩宮都不好，有較多的煞星侵臨（在此三合宮內總共不可超過三個煞星），則此人的一生只是平凡無奇的人生了！倘若此三合宮位中，只有一、兩個煞星，而且另有天梁、天相、紫微、天府、天同等吉星，則此人一生的外緣好，得眾人的助力可成就大事業。

父母宮同時也是看給我們家產的宮位。倘若父母宮中有財星居旺，如太陰、天府、武曲居旺，則父母為財富不少的人，對我們也很關愛，一定會留財產給我們。若是父母宮有破軍星的人，其父母性格豪爽、不重錢財，並且有浪費傾向，可能沒有財產給你，而且要靠你奉養。父母宮有七殺、擎羊、陀羅、火鈴的人，與父母緣份不是很深，因此最好自求多福，不要妄想得到父母的家產了。

有些人的父母宮會形成『火貪格』、『武貪格』、『鈴貪格』。這些人在流年行運至父母宮時，會擁有暴發運而發橫財，也可能會因父母的關係而暴發財運。但是與父母的關係仍然不好，不過，為了要使這個暴發運程圓滿，你最好還是恪守孝道，不要製造事端，與父母不和，以免擾亂了這個空前的大好運程。

2. 身宮的重要性（身宮隱藏於命盤十二宮之內）

很多人覺得身宮是多餘的宮位無關緊要，在命盤上雖然將之標出，但卻無從解釋，因此將其省略。

其實身宮包括了多重的意義，是真正可以看穿、看透一個人本性的地方。我們從身宮裡可以瞭解到一個人內心的柔軟度，內心世界是真正的陽剛或陰柔？

例如外表陽剛，如太陽坐命的人，其身宮又落在夫妻宮為天同的話，其內心是柔軟、溫和又善良的人，常常感情用事，別人只要幾句好話便可把他騙得團團轉。

身宮也是可以看出其人真正氣質所在的地方。命宮中有紫微、天府、天相、天梁、天同這些穩定的星曜，身宮中也同時具有這些穩定的星曜的人，相貌長得不錯，其人的氣質也一定是溫和、大方、穩重、知進退、懂禮儀的人。如果身宮有羊、陀、火鈴，其人身上會有破相、傷疤和痣的特徵，內心也比較陰毒。

身宮同時是看內心世界的宮位。可以由此宮位瞭解你最在乎的人生問題是什麼？

3. 身宮落於『命、夫、財、遷、官、福』宮中

身宮通常是落在命宮、夫妻宮、財帛宮、遷移宮、官祿宮、福德宮。身宮分別落在這些宮位中，每一種組合都具有它特別的意義。

例如：

一、身宮落在命宮

身宮落在命宮的人，為人比較固執、重視自我，無法接受或聽取別人的意見。

身命同宮時，加重了命宮主星的特別意義。如果此宮內有吉星居旺，其人的相貌溫和、聰敏、氣度穩重，是一個擇善而固執的人。如果此宮中有煞星、凶星在內的話，不但會有破相、有傷疤、殘疾的問題，也會有性格險惡、固執的傾向。若有煞星與左輔、右弼同宮在此地，這些助星，助惡而不助善，情況更為嚴重。

身命同宮的人，只在乎自己個人的感受，凡事以自己為中心，較不會去關心別人，為人比較孤獨，也比較自私。尤其命宮中有祿存星的人，此情況很明顯。

二、身宮落在夫妻宮

身宮落在夫妻宮的人，都特別以自己的感覺和內心的情感為導向。他們特別具有第六感。也特別傾向於有情世界。身宮落在夫妻宮的人，一生以愛情力量做為人的精神目標，倘若失去愛情，人生便沒有意義了。因此身宮落入夫妻宮的人，失戀時容易自殺，結束生命。他們也特別喜歡談戀愛，年紀很小時便會展現這個特質。好像一生以『愛情』為職志似的。

身宮落在夫妻宮的人，對愛情非常在意，對所愛的人也非常堅貞，因此他們在結婚以後，對配偶的愛情是非常強烈、堅定的。尤其是身宮落在夫妻宮，而又同時具有擎羊星的人，佔有慾非常強，對所愛的人周圍的朋友，會產生強烈的嫉妒感。倘若愛情有變，或是得不到所愛的人青睞的話，會玉石俱焚。自己得不到的，別人也別想得到。因此很多情殺案便如此的發生了。

身宮落在夫妻宮的人，對家人及朋友間感情的定義也特別嚴剋，他們比較重視情義的表現，倘若表現出對待他感情濃郁熱絡的人，他們就會對此人有好感而樂於親近。身宮落在夫妻宮的人喜歡以『情』論事，較容易重情不重理。這也是他們的弱點，這常常是他們自苦的內心煎熬。

三、身宮落在財帛宮

身宮落在財帛宮的人，是個以『金錢』為重的人。他們的計算能力和對金錢價值的敏感度，通常比別人都較好，因此在賺錢方面似乎有特別的才能。但是財帛宮中有財星居旺，固然是能幫他賺更多的錢財。若是財帛宮中的財星陷落，或是財帛宮中的主星不屬於財星、運星之流。則此人將會以此為苦，終身操勞，賺不到錢，而又性格慳吝怪異了。例如財帛宮是武曲、七殺的人，稱做『因財被劫』，財星被煞星所剋，賺錢辛苦，又賺不到什麼錢，又被劫財，耗財得很厲害。而其人又愛賺錢，常以此為苦，又常常會東怨西怨的，『因財被劫』自己也會小氣吝嗇，更沒有向外發展、賺錢的本錢了。因此，身宮落在財帛宮的人，都有『自私』的特色，是把一切事物、因緣會以金錢估價法把它數字化。

四、身宮落在遷移宮

遷移宮代表外面的環境。因此身宮落此宮的人，特別對外面的環境感興趣。外面的環境似乎有一股強大的吸引力，強力的吸引著他們，使他們不得不往外跑，而不喜歡留在家中。

身宮落在遷移宮的人，非常具有好奇心，對外界或不曾瞭解過的事物非常好奇，隨時想一探究竟。這種好奇心對於知識上的獲得有正面的影響。同時他們也是『起而行』的積極份子，做事速戰速決，希望很快的能獲知結果。但另一方面呢？身宮落在遷移宮的人，也往往因為具有強烈的好奇心會做一些無聊的事情，譬如說，在火災現場圍觀的人，車禍現場圍觀的人，往往都是這些身宮落在遷移宮的人。

身宮落在遷移宮的人，喜歡搬家，和做奔波性質的工作，因為此種人的身宮（元神所在）落在『動宮』，若遷移宮中的星曜又是動星，如天機、貪狼、七殺、破軍之類的星曜，則其人的動感速度更快，一生飄蕩的情形更嚴重。人生的運程是怎麼也靜不下來了。

五、身宮落在官祿宮

身宮落在官祿宮的人，是個以事業為重的人。一生以工作為職志，喜歡創業打拼，把精神寄託在工作之上。

身宮落在官祿宮的人，比較重視名聲和地位。對維護自己的信譽特別重視，因此這種人比較守信諾，講求公正、清白的節操。

身宮落在官祿宮的人，在學生時期成績會比較好，因為會注重別人對自己的看法。他們比較樂於競爭，在成年以後工作時期也就會形成良好的競爭實力與習慣。因此在往後的事業成就上也會有極高的表現。

身宮在官祿宮的人，若此宮中又有化權星的話，此人一生對事業的主控力很強，並且有強烈固執的衝力，不達事業成功的目的絕不罷休。在工作場所中也是管理階級掌握主要權力的負責人。

身宮落在官祿宮的人，若有煞星侵臨的人，一生事業上的成敗起伏很大，但又喜歡做大事，可是始終做不出一個格局出來。官祿宮又相照夫妻宮，因此此人在感情問題、婚姻問題上也都會出現不協調的問題。一生勞碌於一些細微末節的問題之上。

六、身宮落在福德宮

身宮落在福德宮的人，較注重自身的福祉。凡事以自己的享受快樂為主要考量的依據。例如別人對他感情的深厚，他完全是以別人能提供給他的好處的多寡，提供他享樂的多少來評定的。這種人喜歡把錢都花在自己的身上，比較懶惰，愛物質享受，喜歡撿便宜、做輕鬆的工作，因此在工作時也會找輕鬆的、負責任不多的工作。故而身宮落在福德宮的人，一生的成就不高。

身宮落在福德宮的人，若此宮中又有昌曲同宮，此人是外貌美麗，但好吃軟飯的人，一生不務正業，艷福不淺，男優女娼過一生。

7 三合宮位及四方宮位

1. 三合宮位

三合宮位是在命盤中每隔三個宮位而形成的宮位。三合宮位是成六十度吉度的宮位。此三個宮位相連線可成一正三角形。例如有以人宮和事宮來分的：『命、財、官』、『兄、疾、田』、『夫、遷、福』、『父、子、僕』等四組三合宮位。分別可以形成三角互照宮位的關係，相互影響，再而從其中吉星、煞星的多寡，來評定吉凶。

另外有以『地支宮位』來分的三合宮位，例如：『申、子、辰』宮、『亥、卯、未』宮、『巳、酉、丑』宮、『寅、午、戌』宮等四組。由此三合宮位，不但可由其中星曜的吉凶，來斷定沖照的結果，也可用納音五行的方法來看生剋的原理。

因此三合宮位在命理的論斷上具有舉足輕重的地位。這也是我們常用的命理方法之一。

2. 四方宮位

四方宮位中包含著兩個相對照也是對沖的宮位。另外兩個宮位就是在兩翼旁，與對沖宮位成九十度角的宮位。也就是以命宮開始算起，中間隔兩個宮位，就是四方宮位之一方。四方宮位呈十字形排列。相互對照反應到主宮。

我們若用命盤中人宮、事宮來分的話，四方宮位就是：

『命、遷、子、田』。『兄、僕、財、福』。『夫、官、疾、父』。

若是以地支宮位來分的話，四方宮位就是：

『子、午、卯、酉』、『寅、申、巳、亥』、『丑、未、辰、戌』。

四方宮位中以對宮相照、對沖（有煞星相沖）為最有力。而以兩旁的宮中星曜相照或相沖為較輕。例如以命宮為例，遷移宮對其直接沖照的力量為大。遷移宮中有羊、陀、火、鈴的人，會影響此人的性格，與外傷、破相的面貌。而四方相照的另兩個宮位，子女宮和田宅宮中的星曜對命宮也是會有影響，而影響不如遷移宮來得大。

又例如在四方宮位中，遷移宮、子女宮及田宅宮形成『陽梁昌祿』格，也就是在此三宮中有天梁、太陽、文昌、化祿或祿存星的話，也會相照命宮，使此人一生走的是學術或官貴的運程。其人會有高尚的學識，和做政府高級公務員的地位。

命運的推演——宮位與星辰的關係

在斗數中，把星辰列佈於天，而以黃道十二宮來測定它們的角度，以命盤十二宮來規劃它們的位置。現在我們以科學天文的知識角度來看這些星辰，大家都知道它們是會運行移動的。但是你若站在地面上，仰望天上的星辰時，則無法感覺到他們的移動。因此古人把星在天上的位置做了一個定位。並且把它們固定在一個以太陽起落為變化的定盤上。這就是十二個命盤格式的由來。

在斗數中，命盤宮位是可以移動、旋轉的，這就是活盤和飛星的由來。宮位會隨時間的進展移動而變化。也就是時間會改變它的人宮和事宮的變化，而原來的十二地支宮位都是定盤不動的。否則我們就會失去了原本的方位，在變化之後而混亂無所依循了。

時間會改變人宮和事宮的變化，這就是我們所謂的『命運』了。命運又會有什麼特殊的『機緣』呢？這就要看當時同一個宮中，因時間推動命盤時所出現的星曜為何而定了。

因此宮位和星辰的關係非常密切。而命運的產生，實際上就是宮位和星辰相互間所產生的概率問題而已了。

下面我們來看星曜篇，專門來討論星曜在各命宮中所產生的功能和結果。

實用
紫微斗數
精華篇

星曜篇

如何選取喜用神

(上冊)選取喜用神的方法與步驟
(中冊)日元甲、乙、丙、丁選取喜用神的重點與舉例說明
(下冊)日元戊、己、庚、辛、壬、癸選取喜用神的重點與舉例說明

每一個人不管命好、命壞，都會有一個用神和忌神。
喜用神是人生活在地球上磁場的方位。
喜用神也是所有命理知識的基礎。
及早成功、生活舒適的人，都是生活在喜用神方位的人。
運蹇不順、夭折的人，都是進入忌神死門方位的人。
門向、桌向、床向、財方、吉方、忌方，全來自於喜用神的方位。
用神和忌神是相對的兩極。
一個趨吉，一個是敗地、死門。
兩者都是人類生命中最重要的部份。
你算過無數的命，但是不知道喜用神，還是枉然。
法雲居士特別用簡易明瞭的方式教你選取喜用神的方法，並且幫助你找出自己大運的方向。

正曜主星在命宮中所代表的意義

在命盤十二宮中，命宮落於那一宮，就依據該宮位中的主星為坐命之星，以此來推斷其人命運的好壞。

《命盤及命宮的排法詳見『三分鐘算出紫微斗數』一書》

命宮、身宮訂出之後，實則已十二宮全數可以排出來了。

1. 正曜主星

在斗數論命中命宮主星以正曜為主，有紫微、天機、太陽、武曲、天同、廉貞、天府、太陰、貪狼、巨門、天相、天梁、七殺、破軍、祿存、擎羊、陀羅十七星為強勢的命宮主星。又在屬於空宮坐命的星曜中選定文昌、文曲、左輔、右弼、天魁、天鉞、火星、鈴星、天空、地劫十星為弱勢的命宮主星。這些星曜雖也屬甲級星曜，但它們坐在命宮中時，常有不穩定的現象，會受對宮主星的影響很深，因此必須連同對宮主星一起評定其命格的好壞、吉凶。

2. 空宮坐命的看法

倘若命宮中沒有主星（沒有上述所稱之命宮主星）則稱做空宮坐命。須以對宮（遷移宮）中的主星為主，並以此為命宮主星。例如命宮在『申』宮無主星的人，就以『寅』宮中的主星，假借過來做命宮主星。也就是說：命坐『申』宮為空宮，無主星。遷移宮『寅』宮為天機、太陰，就以天機、太陰來論命。此人在性格、形貌上必定有天機、太陰的特質，長相秀麗、機智聰明、瘦高、性情陰晴不定，容易奔波勞碌等性質。而其遷移宮也依然是天機、太陰做主星。在外遇到的環境也是人緣好、機緣多而變化大的環境。

3. 命宮主星在十二地支宮的狀況

紫微星入命宮

紫微星為南北斗中之至尊之星，屬土。又名帝座，主官祿、延壽，能制煞解厄。因此凡是有紫微星坐命的人，不論是否有煞星同宮或相照，或是遭遇凶厄之處境，都能逢凶化吉。命宮中有紫微星的人，一生都受人敬重，就算遇到別人無禮的對待，情況也不會太嚴重，而且別人會很快的道歉。

紫微坐命的人，面色土黃、略紅，身材不高、腰背多肉，屬於壯型身材。其人性情多變，為人相貌忠厚，話不多，耳軟心活，心地較小，比較小心眼。待人謙恭有禮，做人小心謹慎、氣度高雅。

紫微入命，需三方照會天府、天相、昌曲、左輔、右弼、祿存等吉星，則有富貴昌爵的一生。紫微坐命不會左右則不貴，多勞碌，沒有左右手；不會昌曲則無護衛隨從；無魁、鉞則無傳令。

紫微星會天相為宰相；會天府為帑藏之主，掌管財庫；會祿存為主爵之司；紫微星能制火星、鈴星之惡，能降服七殺，化殺為權。紫微若與羊、陀、火、鈴、劫空、化忌同宮時，或是三方遇煞多時，仍會多遭困難，須有恆心，仍可獲成功。

紫微星不喜獨坐，缺乏賢臣輔佐，其人個性容易形成固執、霸道、獨斷、獨行，且易孤獨成性，不利前程。

紫微在『子、午』入命宮

紫微在子、午宮入命時，都是單星坐命，為獨坐。

紫微在子宮入命的人，需有左右、昌曲相夾，命格較高，因紫微在子宮居平，若只有左、右二星之一來同宮或相夾，其力量不足以輔助。若再有擎羊、陀羅、火星、鈴星、天空、地劫來同宮或照會時，其人常有凌雲之志，卻淪為空想，無法實行。

其人也會有個性激烈、易怒、性格強悍、獨立之現象。

紫微坐命子宮的人，宜做公職、教職、上班族為佳，以乙年生有紫微化科、壬年有紫微化權、癸年有祿存在命宮的人，一生運勢較佳。

紫微在午宮入命的人，亦為獨坐，其人性格較強硬，為一領導階級的人，因紫微在午居廟，其命理結構較強。若無左輔、右弼同宮或相夾，會有不合群之現象。其人可成為公司負責人或機構領導者、政治人物。

紫微在午入命又加會煞星者，為孤獨之君主，一生的吉運會減弱。

凡紫微在子、午宮坐命的人，都有家宅不寧的問題，與父母不和、有同父異母的兄弟姐妹，亦不和，配偶相刑。紫微在子入命的人，朋友宮亦不佳。只有和子女的緣份好。其財帛宮為武相，一生尚稱富裕，福德宮為破軍，一生操勞享不到福。但終生皆能化險為夷，解厄呈祥。

紫微在『丑、未』入命宮

紫微在丑、未宮入命時，必與破軍同宮，因此稱做紫破坐命的人。紫微為君，破軍為將，因此紫破坐命的人，皆有性格獨立，喜強出頭、愛領導別人，不服別人的領導，判斷能力強的特性。

紫破坐命者若是甲年生有破軍化權，或壬年生有紫微化權的人可走政界發展。其他的人，宜做軍警職或勞工類型的工作。因其財帛宮為武曲、七殺，『因財被劫』，賺錢較辛苦又少。而官祿宮為廉貞、貪狼俱陷落，職位亦不高。只有命宮中有化權星的人較能主貴。

紫破坐命丑、未宮的人，六親皆不合，若有華蓋同宮，福德宮再有煞星入侵者，為一擁有宗教狂熱份子。

紫破坐命丑、未宮的人，一生都不安定、奔波勞碌，對四周環境常不滿意，人緣關係欠佳。再有羊陀相照，高傲狂妄很嚴重。紫破坐命的人，三方照會天姚、咸池等桃花星多的人，容易惹桃花是非，犯淫行、命格低賤。

紫微在『寅、申』入命宮

紫微在寅申宮入命宮，必與天府同宮，合稱紫府坐命的人。紫微為帝座，天府為財庫星，兩星都是強勢而有力的星曜。能與其配合的吉星有限，若有祿存、天馬同在命宮，主富貴雙全。

紫府坐命的人，相貌秀麗、端莊、氣派，但幼年身體不佳，或是家庭中會有缺陷，此為美中不足的事。其人性格謹慎，有才智及領導能力。為人孤傲，喜物質享受，精神較空虛。

紫府坐命的人，喜歡高級享受、名牌服飾，一生富足，且一生有多次暴發運可助其發富。若命宮中有天空、地劫的人，則空有其名，而生活貧困了。

紫府坐命的人，一般做公務員或大企業中工作，生活安泰。若命宮中有化權（壬年生的人）事業會有成就。或己年生的人，其財帛宮、福德宮有化權、化祿入宮相對照的人，可做生意人，暴發財富，成為鉅萬富翁。癸年生有貪狼化忌在福德宮，和壬年生有武曲化忌在財帛宮的人，則不宜暴發，有暴發後會有災禍緊隨而至，或根本不暴發而有財務困難的困境。

紫微在『卯、酉』入命宮

紫微在卯、酉宮入命宮，必與貪狼同宮。合稱紫貪坐命的人。貪狼是運星，也是桃花星，紫微會協助貪狼發揮其多才多藝的才能，並且也增強人緣關係的發展。

紫貪在卯、酉宮坐命的人，個性堅強、豪爽。身材好、人緣好、口才佳，喜歡結交權貴，本身才氣縱橫，因此適合走官途。

紫貪坐命的人，為『桃花犯主』的格局，容易接近酒色財氣。再有沐浴、天姚、咸池等桃花星加煞星在三方會照，容易因色損害前程。女命加左輔、右弼易墮入風塵。

紫貪坐命卯、酉宮的人，四方宮位中照會文昌、祿存、化祿的人，具有完美的『陽梁昌祿』格，學識較高，利於官職。其他的人，適合軍警職，因為官祿宮為廉殺。

紫貪坐命的人，如有火星、鈴星同坐命宮，或在對宮相照的人，其人性格有些怪異。但其人擁有暴發格，由以命坐酉宮的人暴發運最強。此命格中命宮在卯的人，不喜甲年生的人，命宮在酉宮的人，不喜庚年生的人，因會有擎羊星在命宮，暴發運為破格，會不發，其人也較奸險。

紫貪坐命卯、酉宮的人，以己年生命宮中有貪狼化權，壬年生命宮有紫微化權的人為主貴的格局。以戊年生命宮中有貪狼化祿為主富的格局，此等命格尚須三方四會沒有煞星來會為最佳。紫貪坐命的人，最不喜生於癸年，有貪狼化忌在命宮，一生是非多、不順，人緣關係不佳，身體上也會有問題。

紫微在『辰、戌』入命宮

紫微在辰、戌宮入命時，必與天相同宮，因此稱做紫相坐命的人。紫微、天相二星在辰、戌宮皆居得地之位，剛好合格，力量稍嫌不足。再加上辰宮為『天羅』宮，戌宮為『地網』宮。因此其人常感欲振乏力，很難衝破天羅地網。但是又往往要掙脫樊籠桎梏，因此叛逆心強，情緒不穩定，與父母和上司對抗。命宮中有紫微化權的人，此種叛逆的情況好一點。

紫相坐命辰、戌宮的人，都會有特殊的技能。其命宮對宮為破軍，因此很愛打拼，有衝動、好動的原動力，在工作上很有表現。命宮再有左輔、右弼同宮、相照或相夾，會有很大的表現，做文官順遂。壬年生的人有紫微化權在命宮，乙年生的人有紫微化科在命宮，甲年生的人有破軍化權在命宮的人，成就更大。

紫相坐命的人，若有擎羊星同宮或相照時為失勢，不能掌印、掌權，宜薪水階級。只要沒空劫同宮，仍能有小康環境。

紫微在『巳、亥』入命宮

紫微在巳、亥宮入命時，必與七殺同宮，因此稱做紫殺坐命的人。其人形相矮壯，性格堅毅勇猛，做事有魄力、恆心，喜歡權勢。因七殺為戰將，化殺為權。此人事業心強喜歡創業。但做事常虎頭蛇尾，性好強而健談。能白手起家，奮鬥有成，不畏堅辛。心情不好時，便像病貓不愛動了。

紫殺坐命的人，壬年生的人有紫微化權在命宮的人，成就會很大，必為大老闆或企業負責人。命宮中有陀羅同宮或相照的人，適合武職或與刀、鐵器有關的行業，技術性的工作也較適宜。命宮中有化權，再遇空、劫的人，可做寺廟住持、負責人（修道院院長）。星雲法師即為紫殺坐命的人。

紫殺坐命的人都有『武貪格』暴發運。因其財帛宮就坐在『武貪格』上，只要沒有空劫入侵，一生有多次暴發財富的機會，人生是大起大落形的形式。暴發格中更不能有武曲化忌或貪狼化忌出現，否則財富有不發或因暴發而帶來災禍的問題。

天機星入命宮

天機星為南斗第三星，屬木，主益壽、化善。為兄弟主。天機入命宮的人，都會有中等身材，天機居廟時其人肥胖。天機居平陷時，為瘦弱之人。其人聰慧精明、勤勞謹慎、性格上愛計較。計謀多、神經質、反應快。常自恃聰明，遭人排斥。做事容易見異思遷，三分鐘熱度。天機坐命的人，多半有家宅不寧的問題，在家中是非多，與兄弟不和，父母都是他們的貴人，他們常在父母的羽翼下生活。

天機星有『變動』的性質，其人不但人生的波動大，也有喜動頭腦、動身體等多才多藝的表現，對於運動、舞蹈、表演等具有韻律感的『動感』，也特別有興趣。

天機坐命的人，機謀多變，外表溫和，內心脾氣暴躁。天機居陷坐命的人，內心更為狡詐。若有天機化忌在命宮的人，可能其兄弟或父輩有缺陷，亦可能缺陷在其自身。尤其是其人眉毛斷開不連續以及稀少者更驗。

天機星不喜與煞星（羊、陀、火、鈴、化忌）同宮，人生運程會不佳。

凡天機星在命宮的人，皆為『機月同梁』格，不適合經商做生意。適合做公務員、大機構上班、軍警、學術單位工作。做生意必有敗局。

天機在『子、午』入命宮

天機星在子、午宮入命時為獨坐，為廟旺之位。對宮有巨門相照，主其人有口才，辯論及應對能力。但是一生是非也較多。

天機在子、午入宮，若有六吉星（左右、昌曲、魁鉞）同宮或相照，再有擎羊、地劫同宮的人，可做專門科學性技術人才。有六吉星與祿、權、科同在命宮照會的人，可成為名醫師、律師或工程人員。此命格中以丙年生的人有天機化權和癸年生的人還移宮有巨門化權，以及乙年生命宮有天機化祿，和辛年生的人還移宮有巨門化祿的人最為有利。

天機坐命子宮的人是六親不和、有刑剋的人，在家中的是非尤其嚴重，其事業、金錢上也問題重重。其人疑心病重，對人疑神疑鬼，加重其運程的不順利。而天機坐命午宮的人，稍好一些，至少他們的夫妻宮與事業宮在旺位。一生的運程也較快活。

天機坐命子、午宮的人，其福德宮為空宮，有同梁相照。坐命午宮的人，相照的天梁居廟、天同居陷，有貴人相助，比較勞碌奮發。天機坐命子宮的人，有居旺的天同相照福德宮，相照的天梁是落陷的，因此其人較懶，亦無貴人。一生的成就較差。

天機在『丑、未』入命宮

天機星在丑、未宮入命時為獨坐，居陷位。其人形貌矮瘦。對宮有居旺的天梁星相照，出外有貴人。但其人三方之處無吉星相扶，乙年生的人，福德宮中有太陰化忌的話，主其人幼年坎坷。命宮中有羊陀、火鈴、劫空、化忌同宮或照會時，其人有心思混亂、是非糾纏的問題。

天機坐命在丑、未宮的人，如果其『夫、遷、福』三合宮內有文昌、化祿、祿存的話即形成『陽梁昌祿』格，可以由參加考試而走官途或學術路線而主貴。

天機坐命丑、未宮的人，亦有『武貪格』暴發運。只要在子女宮、田宅宮這兩個宮位中不要出現羊、陀、化忌、劫空，就可在七年行運一次，但亦要防『暴起暴落』的困擾。

天機星喜『動』，在丑、未宮落陷後，愈動則會不佳，耗財而多災。因此天機星坐命在丑、未宮的人，必須做薪水階級，為人服務，儲蓄錢財才會有錢。

天機在『寅、申』入命宮

天機星在寅、申入命宮時，必與太陰同宮。因此稱做機陰坐命的人。其人外形、身材皆俊美。有人緣桃花，得人喜愛。此命的男子喜與女性接近。此命的女子清秀、漂亮，柔中帶剛。

機陰坐命的人因坐四馬之地，驛馬重，人生是動盪不安的局勢。較容易發生車禍。

機陰坐命的人，其人之『命、財、官』三方有『機月同梁』格，因此以任公職或民營大企業為薪水階級，不宜自己做生意，否則必有敗局。

機陰坐命的人，其命盤中，子、午宮有太陽、天梁。若卯、酉二宮或命宮中有文昌、化祿、祿存等星，很容易形成『陽梁昌祿』格，可經由考試做國家高級公務員，擁有官貴。

甲、乙、丁、己、辛、癸年生的人，會有這個命格。

機陰坐命的人，命宮四方三合處桃花星多的人，如有文昌、文曲、天姚、沐浴、咸池、紅鸞等星，會從事歌唱演藝事業，大有發展。若再有羊陀、火鈴、空劫、化忌、殺、破相照的人，應小心『桃花劫』的問題，以防不測。

天機在『卯、酉』入命宮

天機星在卯、酉入命宮時，必與巨門同宮。因此稱做機巨坐命的人。其人外形高大、身材壯碩、性格固執、口才好、善辯。口舌是非多。此命者思慮敏捷、博學多能，需歷盡千辛萬苦才會有成就。機巨坐命的人為『破盪格』，是不依祖業、白手成家的人。他們多半有良好的家世，會因某些原因而離家奮鬥。

機巨坐命的人，若是『夫、遷、福、命』這四宮中有文昌、祿存、化祿的人，可形成『陽梁昌祿』格，利於升遷及國家特考，走學術路線或官職（高等公務員）很有前程。

機巨坐命的人，『命、財、官』三方有化權加煞星相照會，必能化殺為權，宜從軍警業，『武職壓邊庭』。老總統蔣中正先生即是此命格的人。

機巨坐命加煞星，為人陰沈、脾氣不好，很會胡思亂想，有化忌在命宮的人更甚，神經質很嚴重。

機巨坐命的人，其夫妻宮為太陽、太陰（日月），其人情緒多變，感情起伏很複雜，宜晚婚，否則婚姻是非多。

天機在『辰、戌』入命宮

天機星在辰、戌宮入命時，必與天梁同宮，因此稱做機梁坐命的人。天機在辰、戌宮為居平，而天梁居廟。其人有分析、策劃的能力，但常因自做聰明而敗事。

機梁坐命的人，身材瘦，個子不高。其命宮三合照會天同、太陰，故為『機月同梁』格，做公務員或薪水階級較穩定。若命格三方四正有化祿、化權、化科時，為『軍師格』。從事機關首長的機要秘書，必能身居要職。此命以命坐辰宮者為佳。命坐『戌』宮者，因三合照會之同陰在午宮落陷，因此成就不如辰宮好。

機梁坐命的人，命宮若有羊陀、火鈴，其人為心術不正之人。若逢空亡、劫空，有偏向佛道之流，一生起落，終究是孤寒之人。

機梁坐命的人，善辯、口才好，一般有巧藝維生。他們有『武貪格』暴發運。一生有多次暴發機會。只要暴發運格中沒有化忌、羊陀就會暴發。一生是起落分明的運程。

機梁坐命的人，因僕役宮為廉破、朋友運不佳。流年運程不好時，尤其要小心遭朋友陷害，或有遭受綁架之憂。

天機在『巳、亥』入命宮

天機在巳、亥入命宮時為獨坐。天機居平陷之位，受其對宮太陰的影響很大。天機在『亥』宮，對宮太陰陷落，外面的機緣與財緣皆不佳，一生辛苦奔波、操勞不斷。其人身材瘦弱嬌小，有楚楚可憐之態。

天機在『巳』宮，對宮之太陰在『亥』宮居廟，稱做『月朗天門』格，其人有異性緣，長相柔美、外柔內剛。一生之際遇較好，宜任公職、文職，為薪水階級，因其也為『機月同梁』格。命宮中有化權、化祿、化科的人，三方又有左輔、右弼、昌曲、魁鉞相照的人，多加努力，亦會成功。命宮中有化忌星的人，容易頭腦不清，多惹是非，一生波折不斷，有感情困擾，學習能力也差。

天機坐命巳、亥宮的人，因夫妻宮有陽梁二星，只要四方三合處或對宮有文昌、祿存、化祿，配合得好，會具有『陽梁昌祿』格，具有讀書、考試、升官等好運格局。因此命坐此宮的人必須好好把握，可改變一生的命運，夫妻宮有陽梁，也會有學識涵養高超的賢配偶。

天機坐命巳、亥宮的人，因坐四馬之地，驛馬重，有背井離鄉發展的現象。且其人皆有酒癖。

太陽星入命宮

太陽為中天斗星，不分南北。太陽屬陽火，主官祿，主紅色，主生男。太陽亦主權貴，男子以其為父星，女子以其為夫星。

太陽入命宮，喜其人為白日所生，不喜夜間所生的人。夜生人即使命坐旺宮亦需扣分。太陽有刑剋特色，太陽坐命的人主幼年剋父或與父親無緣。男子中年剋自己，女命剋夫，晚年時男女皆命主剋子，或與子無緣。（現今刑剋實為管束，女命太陽喜管束丈夫、兒子）

太陽坐命的人，有方圓的大臉，相貌雄偉，身材骨架很大。其人個性慷慨、仁慈、寬宏大量、坦白、無心機，不計較他人過失，是有福有壽的人。女命太陽的人，特別有大丈夫志向，能幹非常。

太陽喜與六吉星（昌曲、左右、魁鉞）同宮或相照，主名聲響亮。更喜與太陰、祿存、化祿相照會，主富貴大吉。太陽坐命的人，大都有『陽梁昌祿』格，可參加公職考試，走官途。亦利於學術研究。只是必需不停的操勞奔波而已。

太陽在命盤中，以十二個宮位時辰而光芒有所變化。在『寅、卯』為初升，在『辰、巳』為旺，入『午』為廟，為『日麗中天』，主大富貴。在『未、申』為偏西，主其人先勤後惰，有始無終。太陽在『酉』為西沒、西墜，主其人貴而不顯，秀而不實。在『戌、亥、子、丑』皆為失輝，主其人一生是非，與人寡合，勞碌奔波，且有眼疾。再有四煞沖破更主身體腦部的疾病。

太陽以其燦爛的光芒是不畏煞星、化忌星侵臨的。在廟位或旺位時，煞星相剋，只會影響太陽坐命者的『陽性』近親（直系親屬如父、子或者配偶），使其身體不好或彼此相處不愉快，亦或是聚少離多。對於太陽坐命者本身是沒有影響的。而太陽居陷時，不喜化忌同宮，或更有羊陀、火鈴來沖照，對於其人自身的運程、身體、眼睛皆不利。一生也是非糾纏，影響前程。尤其是太陽居陷坐命，又有擎羊星在命宮的人，容易因鬱悶而自殺。

太陽在『子』入命宮

太陽在子宮入命宮的人，其命宮居陷落的位置，其人幼年坎坷，年青時很勤奮，中年以後漸漸懶惰，一生辛勞，眼目有疾、有近視、散光等毛病，流年不利時、眼病、頭痛很厲害。

太陽在子宮坐命的人，遷移宮有天梁貴人星，在外可得貴人相助。四方三合有文昌、祿存、化祿來會，可擁有『陽梁昌祿』格，經由讀書考試，可有『主貴』的命格。此願望在子、午年尤其可達成。

太陽坐命，若命宮中有天空、地劫的人，常有鬱鬱不得志之感，有太陽化忌的人，一生是非多，在男人社會中沒有競爭力、頭腦也常有不清的現象。

太陽坐命『子』宮的人，適合做公教職或民營大企業工作，是貴而不顯的人，做幕僚人員可掌權。有太陽化權在命宮的人，掌權而無名的情況更明顯。有太陽化祿的人，人緣好、平順而已，並無實際發財的現象，因太陽主貴不主財之故。

太陽在『丑』入命宮

太陽在『丑』宮入人之命宮，必與太陰同宮。因此稱做日月坐命的人。太陽在丑宮居陷，太陰居廟。因此日月居丑坐命的人多主富不主貴。其人具有女性的陰柔與男性的剛強，是內柔外剛的人。外表性格保守謹慎但是性格急躁、好動，變化無常，做事常三心兩意，在感情問題上常腳踏兩隻船，感情困擾多。

日月坐命『丑』宮的人，其『命、財、官』三合宮位中文昌及祿星出現時，有『陽梁昌祿』格，為主貴的格局，可經由國家考試出任高級公務員，走官途。亦可從事學術研究、教書等職。沒有此格的人，也會因命盤中呈現的『機月同梁』格而做薪水階級或在民營企業中工作。

日月坐命丑宮的人，命宮中有太陽化忌或太陰化忌的人，三合宮位逢羊陀、火鈴沖破，亦或是有『羊陀夾忌』惡格的人，常會固執己見，空有抱負。流年不利時（三重逢合），有惡死的跡象。

太陽在『寅』入命宮

太陽在寅宮入命宮時，必與巨門同宮，因此稱做陽巨坐命的人，（不可稱做巨日坐命的人，請看『星曜專論』中之解說）。其人個性穩重、謹慎、修養不錯，做事勤奮，有板有眼，對事業很固執，容易成功。但是三十歲以前運不好，先貧後富，凡事需要競爭才有所獲。

陽巨坐命的人，口才好，適合做老師、業務員，適合用口才吃飯的行業。

有天姚、咸池、沐浴等桃花星在四方三合處照會的多的人，可走演藝界發展。有化權在命宮的人，可在傳播界做名人。

陽巨坐命寅宮的人，庚年生有太陽化祿，辛年生有巨門化祿，癸年生有巨門化權的人，四方三合處有昌曲、左右、魁鉞等六吉星的人，若再有天刑相照或同宮，可做司法官或在法界服務。若有恩光、天貴等星同宮或相照的人，可成為傑出外交家。有巨門化權的人，可從事政治，做民意代表，會有一呼百諾的能耐。

陽巨坐命『寅』宮的人，食祿好，注重飲食，有巨門化祿或巨門化權的人，亦可做飲食節目的主持人。

陽巨坐命『寅』宮的人，擁有『武貪格』暴發運，在丑、未年會爆發，只要暴發格中沒有羊陀、化忌、劫空，可多得財富，一生愉快。陽巨坐命的人，命格的主格仍是『機月同梁』格，因此做上班族有固定的工作為佳。

太陽在『卯』入命宮

太陽在『卯』宮入命宮時，必與天梁同宮，因此稱做陽梁坐命的人。太陽、天梁在卯宮皆居廟位，若三合四方處有文昌、祿存、化祿來會照或同宮時，即是有『陽梁昌祿』格，可經國家考試而走官途，成為政府要員。亦能走學術路，做研究工作而有名聲。

陽梁坐命的人，有正直熱情的胸懷，為人爽朗、豪放、不拘小節、人緣極佳、有很強的事業心、注重名聲、野心很大、喜歡做大事業。陽梁在卯為『日照雷門』格，屬官貴，有此命格者同時也具有『機月同梁』格，極易做政府高級公務員，由此可登高位，並可獲得極大的財富。乙年生的人有祿存及天梁化權在命宮。己年生的人有天梁化科在命宮、祿存在四方相照的位置。辛年生的人有太陽化權在命宮，有祿存對照命宮、壬年生的人有天梁化祿在命宮。這些人都是將來成就很大的人。

陽梁坐命卯宮的人，因天梁太陽居旺的關係，有很好的貴人運。因此在讀書時期，成績很不錯。走官途時也能較一帆風順。甲年生有太陽化忌的人，一生的運氣較差，在男人的環境中競爭力差，反倒是年長的貴人與女性的貴人對其人有利，可以多在身旁注意尋找。命宮或相照的宮中有羊陀、火鈴、空劫、化忌等星的人，其人一生的成就會打折扣，運程也容易不順利。

陽梁在卯宮相照，而坐命酉宮有天空星在命宮的人，稱之為『萬星無雲』格，有慈善胸懷，會以『天下為己任』。為擁有聖人賢德情操的人類，若在命宮四方三合處有吉星及化權、化祿、相照或同宮的人，定能造福人群，做一番大事業，留芳百世。　國父孫中山先生就是此命格的人。

太陽在『辰』入命宮

太陽在『辰』宮入命宮時，必是獨坐居旺的。其對宮之太陰在戌宮也居旺，為『日月共明』，算是極美的格局。其人有性格正直、豪爽、陽剛的特性，也有善感、聰敏、善解人意柔軟的一面。適合從事文藝、教育、公務員之類的工作，因其『夫、遷、福』三合宮形成『機月同梁』格所致。

太陽坐命『辰』宮的人，本命有刑剋特色，早年與父母、兄弟緣份薄，結婚以後運才轉好。其財帛宮為巨門，適合靠口才，外交、文教、傳播業都是很好發展的領域。命宮中有化權、化祿的人能獨當一面，及早成功。命宮中是太陽化忌（甲年生）的人，一生是非糾纏，問題很多，自己的眼睛也不好，且有認人不清，頭腦糊塗的問題。

太陽在『辰』坐命的人，都可能有早婚現象，並有少年得志的機會。

太陽在『巳』入命宮

太陽在『巳』宮入命宮時，也是單星獨坐居旺。其對宮有居旺的巨門星來相照。主其人志向遠大；會少年得志，但因有巨門星的影響，一生是非較多，容易導致信心薄弱或喪失，少年時有一段時間會覺得有無力感，由其是陽年出生的男子和陰年出生的女子，在年青時會有『後繼乏力』的感覺，中年以後運氣轉強，成就依然非凡。

太陽坐命巳宮的人，『命、財、官』三合宮位很容易形成『陽梁昌祿』格，本身也具有『武貪格』暴發運的命格，一生有多次暴發轉運的機緣，可以好好把握。只有甲年生的人，命宮中有太陽化忌和丁年生的人，遷移宮中有巨門化忌的人，一生命運多桀，是非多，人生歷程，不算很順遂。

太陽坐命『巳』宮的人，福德宮是天機陷落，一生辛苦勞操不停，為家庭犧牲很多，付出很多。其人『父、子、僕』三合宮又都坐在『殺、破、狼』格局上，因此其人與父母、兄弟緣淺，性格較孤獨，倘若命宮裡再有祿存同宮的人，精神孤獨、空虛的狀況更嚴重。幸而他們天生具有寬宏大量，不計較別人過錯的好德行，只是自已默默承受精神孤獨的狀況而已。適合做公教職、政治人物、傳播界。

太陽在『午』入命宮

太陽在『午』宮入命宮時，是單星坐命，名為『日麗中天』。其對宮有天梁居廟相對照，只要文昌、祿星在四方宮位出現，即形成『陽梁昌祿』格。會有學識高超，財官雙美的好名聲。但也容易遭嫉，需要小心。命宮中有化權、化祿、祿存等星的人，容易在財經、政界發展成功，女命在此宮也甚吉，主賢良淑德，在事業有極佳的表現，是女強人之流。

太陽若與火星、鈴星同坐午宮入命宮的人，會在官途上得財富。若有羊陀、天空、地劫、化忌同宮的人，人生際遇較有傷害，有生活奢侈浪費的習慣，喜歡浪漫的生活，成為浪費家。

太陽坐命『午』宮的人，由『夫、遷、福』這一組三合宮位形成一生的軌跡，為『機月同梁』格，必須做公教職、薪水階級、官途、政府高級公務員。因為理財能力有缺陷、因此不宜經商做生意，否則有敗局。

太陽在『未』入命宮

太陽在『未』宮入命宮時，必與太陰同宮，因此亦稱日月坐命的人。太陽在未宮居旺，而太陰居陷。主其人個性保守謹慎，但急躁辛勞。其性格常變化多端，做事會三心兩意，拿不定主意。因此適合做安定的職業，慢慢努力做會擁有地位和名聲。其命格是屬於『機月同梁』格的類型。

日月坐命『未』宮的人，其官祿宮為天梁，居落陷的位置，有文昌、祿星來會，也能形成『陽梁昌祿』格，利於讀書，參加考試。但天梁居陷，在升官的運途上，較沒有貴人的助力，這是美中不足的一點，一切都必須靠自己奮鬥努力達成。其人多半從事設計、繪圖、工程、有特殊技能的工作。

日月坐命『未』宮的人，有六煞星（羊陀、火鈴、劫空）同宮或在三合宮位相照的人，做事容易孤注一擲、不注重現實問題、一生成敗不定。命格中有化忌星的人，在行運『命、財、官』三合宮位時，會有因頭腦不清而敗事，影響前程的問題。

日月坐命『未』宮的人，都有感情問題複雜，腳踏兩條船的困擾，但最終會尋找到溫和、有愛心的配偶，只是較晚婚。

太陽在『申』入命宮

太陽在『申』宮入命宮時，必與巨門星同宮，因此稱做陽巨坐命的人。太陽在申為『偏垣』，而巨門居廟，故其人一生是非問題較多、較嚴重，有年輕時勤勞、中年怠惰較懶的情況。

陽巨坐命『申』宮的人，為人隨和，有涵養，不計較，人緣還不錯。命格為『機月同梁』格和『武貪格』的混合格局，適合文化界、教育界、保險業，為一上班族，有固定工作的命格。其人在丑、未年都能暴發財運或在工作上獲得大發展，只有壬年生有武曲化忌的人，和癸年生有貪狼化忌的人，較沒有暴發的好運。或者暴發格中有羊、陀成為破格的人亦然。

陽巨在『申』宮入命的人，以辛年生的人命宮中有太陽化權、巨門化祿為最吉。其次是庚年生有太陽化祿在命宮，暴發格中有武曲化權會增加暴發力，並掌有暴發財富的力量。己年生的人在命格中的暴發格中有武曲化祿、貪狼化權也不錯，定能幫助他們，成為大富翁。癸年生的人有巨門化權在命宮，可幫助其人從事政治活動，做民意代表之流。但必須小心此命格中有貪狼化忌在暴發格中，要注意以免在暴發好運之後，有惡運隨至的痛苦。

陽巨坐命『申』宮的人，都有很好的家庭運，父母、配偶、子女都相處愉快，只有兄弟宮和朋友宮形成『武貪格』，感情上較不順利。但在人一生中的感情世界裡，算是順利很多的人，因此也不能不說他們是有福氣的人了。

另外，『命、財、官』三合方煞星（羊陀、火鈴、化忌）多，桃花星（咸池、沐浴、天姚）也多的人，也要小心感情波折，女命有流落風塵之險。

太陽在『酉』入命宮

太陽在『酉』宮入命宮時，必與天梁同宮。因此稱做陽梁坐命的人。陽梁在酉宮，太陽居平，天梁居得地剛合格之位置，有命運多波折，要到中年以後才開運。主貴而不顯，秀而不實。其人容易有滿腹牢騷，懷才不遇之感，很早即離家至外地發展，東奔西跑，辛勞度日，為飄泊之命。其人性格屬於外表溫和內心剛強，口舌是非較多。

陽梁在『酉』宮入命的人，若四方宮位有文昌、祿星相照的人，也能形成『陽梁昌祿』格，在做學問上有成就。利於做公教職、或做算命卜卦、宗教、神學之研究。

陽梁在『酉』宮入命的人，最忌羊陀、火鈴、化忌、劫空相照會，否則婚姻多波折，情感不順，晚婚，要到中、晚年運才轉好。

陽梁坐命『酉』宮的人，雖然財帛宮是太陰陷落，福德宮是天機陷落，財的來源與流通都不好，手中可供花用的錢財很少，一生辛勞奔波。可是陽梁坐命『酉』宮的人，還稍有貴人運與長輩運，家中還存有稍許的家產。我們可由其田宅宮為紫微星便可看出，也算不錯的了。

太陽在『戌』入命宮

太陽在『戌』宮入命宮時，已入『失輝』之地。其對宮為落陷的太陰相照。此格局為『日月反背』。主其人一生勞碌奔波，是非糾纏不清，與人寡合，眼目有疾，一生成敗不定，起伏不寧，必須離鄉發展稍吉。

太陽坐命『戌』宮的人，命宮中有化權、化祿者稍吉。其人命格中只有『機月同梁』格，因此做公教職、上班族較適宜。若做政治人物，只能為幕僚人員，是貴而不顯的人。其人也有容易怠惰，常忙碌一些鎖碎無聊的事情，在人生境遇中常有鬱鬱不得志的失落感。命宮中再有擎羊星的人，容易因抑鬱而自殺。

太陽坐命『戌』宮的人，『命、財、官』三合宮位中，有多顆凶殺之星的人，身體會有帶疾的現象，其人也容易孤寡、貧窮。有時年運不好時，亦會在牢中度過。

太陽在『亥』入命宮

太陽在『亥』宮入命時，為『失輝』落陷之地。其對宮有居旺的巨門星相照。其人一生是非較多，但性格剛強，有自己的主意，不願聽別人的意見。其人幼年坎坷，有離宗改姓的現象。若逢多顆凶殺之星照會命宮，則有夭亡、孤寡、貧窮之象，甲年生的人有太陽化忌在命宮的人為下命。

太陽坐命『亥』宮的人，雖然居陷無光，在男人社會或團體中競爭力差。但是仍有其命格上的優勢可好好把握。

太陽坐命『亥』宮的人，可擁有『陽梁昌祿』格。只要在『命、財、官』三合宮位中出現文昌、祿星，即可靠讀書、研究、參加國家考試的機會擁有官職或高級公務員的職位，亦或是在大企業中任職。同時他們也擁有『機月同梁』格，做有固定薪資的上班族也大有發展。

太陽坐命『亥』宮的人，並且擁有『武貪格』暴發運，在辰年、戌年會獲得好運暴發財富，或升官而發財。但要注意辰、戌二宮不可有羊、陀、化忌、劫空，以免成為『破格』。

太陽坐命『亥』宮的人，有先勤後惰的情形，三十歲以後便逐漸顯現，這是必須警惕的事情。太陽坐命『亥』宮的人，若四方三合照會的煞星多，也有在牢獄中失去光明的日子。

武曲星入命宮

武曲星為北斗第六星，化氣為財帛主。稱為正財星。武曲入命的人，臉型方圓、體型中矮壯碩，聲音宏亮。其個性剛直、寬宏、剛毅卓決，為人很固執。做事性急、速戰速決，較有勇無謀，沒有心機。常常喜怒形於色，很重言諾，脾氣很大，但快發快過，不會記仇。心情好的時候，很愛動。心情不好則躲起來、好靜，屬於精神上有些孤獨的人。

武曲坐命的人，很具有判斷力，在事業上表現得很不錯。有文昌、文曲同宮坐命的人，做軍警職能武職崢嶸。做文職則為多才多藝的人。因此武曲加昌曲坐命的人，是文武全才之輩。

武曲坐命的人，最喜西北方生的人，富貴較長久。東南方生的人，只富不貴。武曲為寡宿星，吃素星。武曲加會六煞，六親必有刑傷，與六親無緣，易接近宗教、會吃素。女命武曲雖吉，但易早寡，適合職業婦女。

武曲居陷地，為有巧藝之人，與破軍同宮於財帛宮，錢財到手成空，武曲和貪狼同宮或相會，形成『武貪格』，會暴發橫財，或因突然升官的好運而得錢財。武曲與天府同宮於身命宮者為長壽多富之人。有祿存、天馬同宮的人，遠地發財還鄉，衣錦榮歸。

武曲有化祿同宮，主從商可得財富。有化權同宮，主掌權力，利武職、政治界，能獨當一面而掌權。有化科同宮，利文職，有文藝修養，但錢財方面利益較少。有化忌同宮時，諸多不順，是非糾纏，尤其以金錢上的是非最多、最麻煩。武曲若與七殺、火星同度，有『因財被劫』的困擾，煞多時會橫夭、禍亡。武曲會擎羊、男孤女寡、刑剋極重。

武曲在『子、午』宮入命

武曲在子、午宮入命宮時，必與天府同宮，財星會庫星，皆居廟旺之位，主其人長壽。此命稱做武府坐命的人。

武府坐命的人，丁年、己年、癸年生的人，有祿存坐命或相照命宮，再有六吉星（文昌、文曲、左輔、右弼、天魁、天鉞）相照會，為億萬富翁之格。若命宮有羊陀、火鈴、空劫、化忌同宮或照會的人，只為平常人，宜公職、上班族之命格了。

武府坐命的人，若父母宮與疾厄宮中有煞星，則其人幼年不是身體不好，就是得不到家庭溫暖。武府坐命的人，其夫妻宮為破軍，男命會得『妻管嚴』。無論男女皆需留意婚姻生活，否則會有多次婚姻的紀錄。女命武府的人，長相美麗、多慾，易有未婚與人同居之關係。

武府坐命的人，都在物質生活上很富裕。若有煞星相照的人，『因財被劫』的關係，較會為富不仁，對別人很吝嗇。

武府坐命的人，命格的基本型態是『機月同梁』格。若『父、子、僕』三合宮中有文昌、祿星進入，也可形成『陽梁昌祿』格，若財帛宮與福德宮這一組相照的宮中出現火星、鈴星時，其人也會有暴發運，可多得意外橫財的機會。

武曲在『丑、未』入命宮

武曲星在『丑、未』宮入命宮時，必與貪狼同宮，此時兩星俱居廟地極旺之位，稱做武貪坐命的人。

武貪坐命丑、未宮的人，其人性格剛強、長壽，一生勞心勞力，具有才藝，但少年不利，三十歲以後才發，先貧後富，性格慳吝小氣。此命為『橫發格』會暴發財運。做武職亦佳，武職崢嶸有大富貴。但此命多六親緣薄，離家發展較好，機會較多。

武貪坐命的人，戊年生有貪狼化祿，己年生有武曲化祿、貪狼化權，庚年生有武曲化權的人，再有火星、鈴星同宮為貴格。亦有雙重暴發運，此格宜向商場發展，會擁有大財富。壬年生的人會有武曲化忌，癸年生的人會有貪狼化忌，只宜做公務員或上班族，否則會有金錢困擾，或暴發後有災禍隨至的問題。

武貪坐命的人，如有煞星相照，對其人的福德和福澤有影響，但不會影響其才藝。如有擎羊同宮或相照的人，會有特殊技藝維生。有空亡同宮或相照的人，需防家庭破裂。有天空、地劫同宮或相照的人，須防錢財破敗。這些都是使『橫發格』為破格的主因。

武貪坐命的人，雖有暴發運，但命格中主要的還是『機月同梁』格，這個運格不會受煞星影響而破壞，因此做固定的職業以穩定人生的基礎還是最要緊的。

武曲在『寅、申』入命宮

武曲在『寅、申』宮入命宮時，必與天相同宮，稱做武相坐命的人。此時武曲財星居得地剛合格之位，而天相居廟地。因此其人比較注重享福，喜好美食及個人享受。

武相坐命的人，主觀意識很強，事業心很重，因財星與福星坐命，孤剋較不嚴重。一生不愁衣食。命坐四馬之地，辛勞不免，可為最佳的幕僚人才。甲年生有武曲化科及祿存在命宮同宮或相照。己年有武曲化祿在命宮。庚年有武曲化權、祿存在命宮或相照，都是財官雙美的人。只有壬年生的人有武曲化忌在命宮，一生的運程較差，錢財多困難，是非較多，其人頭腦也有混亂的現象，只是多享福較懶而已。

武相坐命的人，坐命寅宮比坐命申宮好，可得父母的良好照顧，在外的貴人運又強，升官發財不是難事。父母宮的四方三合有文昌、祿星相照或同宮的話，能形成『陽梁昌祿』格，其人的學歷會變高，是財官雙美的格局。否則也只屬於『機月同梁』一般薪水階級的格局了。

武相坐命的人，有昌曲同在命宮，主其人有巧藝在身。有祿存、天馬在命宮的人，為在遠方發財還鄉。有左右、昌曲同在命宮的人，能掌印、握有權威。如有陀羅、火、鈴、化忌沖破的人，因財被劫，健康堪虞，亦有貧窮的日子。

武曲在『卯、酉』入命宮

武曲在『卯、酉』入命宮時，必與七殺同宮。稱做武殺坐命的人。武曲在卯宮或酉宮居平陷之位，而七殺居旺，財星與殺星同位，屬於『因財被劫』的格局，因此其人一生好拼命、好動、而賺錢辛苦、財又少。

武殺坐命的人，個性強，好勝心也強，敢愛敢恨，平常話不多。為人頑強、古怪、做事斬釘截鐵，不會圓融轉彎，較會硬拼，有羊、陀、火鈴同宮時更甚，『因財被劫』的厲害，會因錢財受傷或有殺人之虞。

武殺坐命的人，有膽識，個性急而能幹，為人很操勞。以武殺居卯宮的人較吉，因武殺居『酉』宮有『日月反背』的現象，財運更不順之故。而且幼年生活較坷坎。

武殺坐命的人，夫妻宮為天相，只要沒有煞星侵臨，會有美滿的婚姻生活，在自身的感情世界裡很順暢。

武殺坐命的人，命格中只有『機月同梁』格一種格局，因此做公務員、軍警職、政界發展，都會有前途。己年生有武曲化祿，庚年生有武曲化權的人，或是乙年、辛年生有祿存在命宮或相照的人，一生的福份大，事業會有成。壬年生命宮有武曲化忌的人，或是有羊陀、火鈴等多顆煞星相照命宮的人，要小心腦部疾病、心臟、神經方面的問題，並且也容易開刀，動大手術，身體有傷殘等現象。其人也會有性格較邪惡，或不善終的問題。

武曲在『辰、戌』入命宮

武曲在『辰、戌』宮入命宮時，必是單星獨坐居廟地之位。其對宮的貪狼也居廟地相照，形成極美的『武貪格』，有橫發錢財之運氣。此命局稱做武曲坐命的人。

武曲坐命『辰、戌』宮的人，己年生的人有武曲化祿在命宮，對宮有貪狼化權，有一等暴發運。商場做生意會有極富之運勢。庚年生的人，有武曲化權在命宮，做軍警職有武職崢嶸的境界，做政治人物也官高權大。癸年生的人，因命宮對宮之遷移宮中有貪狼化忌，故其人多為專業之人才，有巧藝維生。壬年生有武曲化忌在命宮的人，為特別固執的人，冥頑不靈，且財運不濟，常有金錢麻煩，財運困厄。

武曲坐命辰、戌宮的人，在『父、子、僕』三合宮位中若有文昌、祿星出現，可有『陽梁昌祿』格，其人會有高尚的學歷，官運亨通的運程，一生的成就也較高。沒有『陽梁昌祿』格的人，也能擁有『機月同梁』格，做專業的上班族。

武曲坐命的命宮或對宮有擎羊星的人，多為有特殊技藝在身的人，但也會使『武貪格』成為破格，會發得小或不發。有昌曲同在命宮的人，會出將入相。有天魁、天鉞同在命宮的人為財賦之官。有四殺相照命宮的人，會『因財被劫』，財星被困。

武曲坐命的人，有火星在命宮，而對宮有貪狼相對照。其人擁有雙重暴發運，但命格中也有『因財被劫』的問題，為人慳吝不仁，自我刑剋很嚴重。因此火星在對宮和貪狼同宮，來相照命格為佳。此命雖也有刑剋的問題，但較武曲、火星同宮的人刑剋的問題稍好一點，被劫財的問題也不會那麼嚴重了。

武曲坐命辰、戌宮的人，以在辰宮坐命為佳。戌宮有『日月反背』的問題。行運也較不順利。

武曲坐命的人，夫妻宮為七殺，配偶以貪狼坐命者、七殺坐命者、太陽坐命者為佳，性情比較相合。也少刑剋。

武曲在『巳、亥』入命宮

武曲在『巳、亥』宮入命宮時，必與破軍同宮，因此稱做武破坐命的人。武曲、破軍在巳、亥宮皆居平陷之位，因此其人有個性剛強，勇敢、喜歡冒險，凡事喜歡孤注一擲。棄祖離宗或少小離家，不承祖業，自己白手成家，一生辛苦勞碌，以巧藝維生，難貴顯。丙年、戊年、壬年生的人，命宮中有祿存星的人，再加六吉星相照，事業會有表現。

武破坐命的人，命宮中有文昌、文曲同宮或相照的人，可做學術研究，或任公職，為一清高而貧困的學者、公務員。要小心水厄的問題。命宮中有化權、化祿的人，工作上會表現，但不可經商投資，會有敗局。

武破坐命的人，若逢陀羅或地劫、天空同宮，會有殘疾、車禍受傷的狀況要小心。逢火星、鈴星同宮的人，主勞碌、官非鬥爭。可能會入黑道做惡，有四殺同宮或相照的人，『因財被劫』得厲害，為財挺而走險，身繫囹圄。

武破坐命的人，在父母宮與疾厄宮對照的一組星中，若再在四方處有文昌、祿星相照會，會有『陽梁昌祿』格，可改變其人一生的命運。使其命格增高。而『兄、疾、田』三合宮位中是『機月同梁』格，為一上班族的命格。武破坐命的人，都有天不怕、地不怕，頑強大膽的性格，有一些人會從事特技演員，或特技飛車等危險的特技工作，也有從事情報員的工作，這主要是因為命格中武曲主孤，而破軍主勞碌、破耗、衝動的原故所致。

天同星入命宮

天同為南斗第四顆星，屬陽水。為福德主，有制化解厄之功能。可延壽保生，有享福之功德。

凡天同入命宮的人，為一穩重、性情溫和、慈善、耿直，能精通文墨之人。天同居旺時，其人肥胖高大、面色白。天同居平時，其人較矮、身體豐腴。若有煞星沖破，主人孤單破相。天同與陀羅同宮時，其人有眇目、斜視的現象。

天同坐命的人，是有大志而無激奮之能力的人，無法完成及實現自己的遠大計劃。天同坐命之男子，易成為懶散、沒有開創、奮鬥力之人，會較遊手好閒，女命眉清目秀，身材豐滿，愛享受很會照顧他人，但有小孩子脾氣，思想較幼稚。

天同在『子、午』入命宮

天同在子、午宮入命宮，必與太陰同宮，稱做同陰坐命的人。

同陰坐命在子宮時，天同居旺，太陰居廟，為『水澄桂萼』格，若身命同坐子宮，丙年、丁年生的人，而且又是夜生的人，是富貴全美的格局。為忠諫之材，會得到清要之職，一生富貴忠良。

其他如戊年生有太陰化權，己年生的人有祿存相照，癸年生的人有太陰化科、祿存在命宮的人，一生是財官雙美的格局。

同陰在午宮入命時，天同、太陰俱陷落，主其人漂泊不定，辛勞奔波。女命須有吉星相輔才行，否則一生窮困，有煞星照會，有健康問題，易早夭。

在午宮坐命的男子，有擎羊在命宮，再有同陰在子宮相照的人，為『馬頭帶箭』格，有威鎮邊疆的大將命格，既富且貴。若有其他的煞星沖破則不吉，一生坎坷，事業難成，身體羸黃有病。

同陰坐命的人，在命格中都有『機月同梁』格，必須做上班族有固定的工作才有發展。另外你們還有『武貪格』在父母宮中，每逢丑、未年可暴發財運、旺運，多增錢財。但暴發格中須無羊、陀、化忌、劫空同宮或相照才算合格。

同陰坐命的男子，也容易得到女性的助力而成功。

天同在『丑、未』入命宮

天同在丑、未宮入命宮時，必與巨門同宮。稱做同巨坐命的人。

天同、巨門在丑、未宮入命時，二星皆在落陷之位，主其人一生口舌是非不斷，辛勞奔波，且有幼年坎坷不順的境遇。

同巨坐命的人，身材嬌小豐滿，有羊陀同宮或照會的人，主邪淫。有火星、鈴星在三方照會的人，必生異痣、雀斑，而且三合湊殺有火厄，逢大小限惡運，有『死於外道』之象，可能因車禍身亡。

同巨坐命的人，多與家人朋友不合，有代溝，容易犯小人，是非口舌糾纏不清。因其官祿宮為天機陷落，一生工作的機會不多，只會做一些臨時性的工作，或者是靠家人接濟度日。此命以命坐丑宮者稍佳。因其夫妻宮的主星為太陰居廟，較會得配偶之財而維生。

若命宮在『未』宮有文昌、文曲同坐命宮，對宮有同巨相照，再有左輔、右弼相夾丑宮或未宮的人。三合四方處又有魁鉞相照的人，是財官雙美的格局，此格局為『明珠出海』格。此格局因有『陽梁昌祿』格相照守，因此主貴。若同巨安命在未宮者即不屬此格。（在『如何創造事業運』一書中，有『明珠出海』格的詳細解說）

同巨坐命的人，如夫妻宮為太陰陷落，福德宮有煞星侵臨的人，婚姻會有問題，且一生困窘，靠父母接濟度日。

天同在『寅、申』入命宮

天同在『寅、申』宮入命宮時，必與天梁同宮。稱做同梁坐命的人。同梁坐命的人，為人善良、隨和。但本性固執，脾氣硬，喜歡照顧別人，擅於外交，會有宗教信仰，也喜歡做自我掩飾的動作。

同梁坐命的人，都是『機月同梁』格的命格，適合做服務業有固定工作，為上班族的族群。

同梁坐命『寅』宮的人，天同居平，天梁居廟，多努力有貴人相助，命格較高。同梁坐命『申』宮的人，天梁落陷，天同居旺，較愛享福，比較懶惰，而且此命格中有『日月反背』的格局，容易東奔西走，遊蕩度日。

同梁坐命的人，有陀羅同宮，為傷風敗俗之流。遇陀羅、火星相照的人，為破局，主孤寡、夭折、下賤。福德宮有擎羊。（此命局必會四煞）

同梁坐命的人，夫妻宮為巨門，田宅宮為空宮，有廉貪相照。其人是家宅不寧的人，家中是非多，與配偶、子女有代溝，因此其人喜歡到處遊蕩，管別人家的閒事，自己家的事不愛管。其人也喜歡交友廣闊，三教九流的朋友都有，為人四海，尤其喜歡結交權貴，並以此交際手腕做資源，以達致富增貴之目的。

天同在『卯、酉』入命宮

天同在『卯、酉』宮入命宮時，為獨坐，居平的位置。其對宮有太陰相照，對其影響很深。主其人為平穩、踏實的人，但福星居平，為人較勞碌。

天同坐命卯宮者較佳，因其對宮相照的太陰居旺位。人生可在穩定、富裕命中發展。其人有溫和、柔美的氣質。命宮中有祿存同宮，或有化權、化祿在命宮中或在對宮相照的人，經過努力，可有財官雙美的格局。天同坐命『酉』宮的人，則因有『日月反背』的格局和遷移宮中之太陰陷落的關係而命程、運程稍差。

天同坐命卯、酉宮的人，在『夫、遷、福』這一組三合宮位中若有文昌、祿星出現，可有『陽梁昌祿』格，學歷會增高，亦有走官途之機會。並且此命格的人還有『武貪格』在辰、戌宮這一組對照的宮位裡，辰、戌年可暴發旺運，多得財富或升官。

天同坐命卯、酉宮的人，宜在公教職、文藝圈中，以及在大眾傳播業中工作較佳，發展很大。此命不可遇羊陀、火鈴相照或同宮，否則有身體遭傷、火厄、身體患疾等問題。

天同坐命卯、酉宮的人，其夫妻宮為天梁，男子有可能會娶比自己年紀大之女子。女子有可能會嫁比自己年紀小之男子。

天同在『辰、戌』入命宮

天同在『辰、戌』宮入命宮時，為獨坐居平的位置，其對宮為巨門居陷相照。主其人一生有口舌是非，問題很多。命宮有化權、化祿或者是對宮有巨門化權或化祿的人，可做教職、新聞傳播業或是民意代表、政治人物等，化『口舌』為利器。

天同坐命辰、戌宮的人，命格中不但有『機月同梁』格。在財帛宮與福德宮的四方三合處若再有文昌、祿星也會形成『陽梁昌祿』格，可靠參加國家考試而增貴，成為高級公務員，走官途。

天同坐命辰、戌宮的人，會因父母離異，有不完整的家庭，和同父異母的兄弟，因此幼年時期不算幸福，但成年後可靠自己的努力，積蓄致富。

天同坐命辰、戌宮的人，最忌諱羊、陀、火、鈴、空劫、化忌來沖照，人生會有不美滿之格局，亦會有傷殘，疾病的困厄。

天同在『巳、亥』入命宮

天同在『巳、亥』入命宮，為獨坐，入廟地之位。對宮有落陷的天梁相照。天同福星居廟，倘若沒有權星使其自強，又沒有煞星沖照來磨練他，其人會落於懶惰、拖延，只求享福沒有志氣，恃福而驕的狀況。因此天同坐命巳宮或亥宮的人，是不同於其他的命格，是必須有煞星沖會，以收激勵之效的命格了。

天同坐命巳、亥宮的人，丙年生的人有天同化祿和祿存在命宮，丁年生的人有天同化權在命宮。乙年生有天梁化權相照命宮，壬年生有天梁化祿和祿存相照命宮的人，再加會六吉星（文昌、文曲、左輔、右弼、天魁、天鉞），可任公職或大企業主管之職。其中以天同化權在命宮的人最為有力，可成為名商富賈，做貿易經商有成就。

天同坐命巳、亥宮的人，雖然需要煞星沖照，但只需一、二顆就好了，不能太多，否則有四煞沖照，主其人有殘疾。

天同坐命巳、亥宮的人，若在『夫、遷、福』這一組三合宮位中有文昌及祿星出現，也可擁有『陽梁昌祿』格，擁有學識及較高層次的人生歷程。但是此命格中的天梁星是陷落的，因此缺乏貴人相助，一切必須靠自己打拚，才能獲得成就。

天同坐命巳、亥宮的人，因本命坐在四馬之地，工作性質多半是到各地奔波的事業，如做貿易、旅遊業等。沒有成就的人，也會浪蕩漂泊，四海為家。

廉貞星入命宮

廉貞星為北斗星中第五顆星，屬陰火。化殺為囚，稱囚星。司人之品職與權令，在官祿宮為官祿主，在人之身命宮，為次桃花。

廉貞坐命的人，有高顴骨，口橫眉寬，眼神有光，甲字型臉，中等身材，腰背多肉，其人不拘禮義，性烈，剛直、主觀強。做事有衝勁，愛爭，肯辛苦奮鬥，重事業。人命在陷地逢煞時，有麻臉、凹洞，性格陰狠。

廉貞坐命的人，遇文昌則富而好禮。遇祿存或天府，主富貴。遇七殺，武職顯榮。遇天相，性格老實，掌權印。逢羊陀、火鈴、化忌則不吉，有惡運困擾。

廉貞惟天相、祿存能制其惡，故廉貞、天相、祿存坐命的人，是真正既富且貴，知進退、有禮義之人。廉貞遇破軍，再加煞者，為殘疾之人。

廉貞在『子、午』入命宮

廉貞在『子、午』宮入命宮，必與天相同宮，稱做廉相坐命的人。其人溫和有禮，命宮沒有煞星同宮和照會的人，做公教職會有一帆風順之事業。命宮中有化權、化祿、祿存來同宮或照會的人，會成為管理階級的人才，做經理、襄理之流。

廉相坐命子、午宮的人，命格中有三種格局。一種是『機月同梁』格。另一種是在『父、子、僕』三合宮位中有文昌或祿星進入時會形成的『陽梁昌祿』格。若無此格的人則不貴。另一種則是『武貪格』暴發運，在辰、戌年會暴發。但此格中必須無羊陀、化忌、劫空沖破為佳。否則為破格不發，或發得較小。

廉相坐命子、午宮的人，膽量很小，不喜歡說話，為人很靜，較為木訥。有煞星在命宮的人，比較險惡、虛偽不實在。有羊刃同宮或相照，為『刑囚夾印』格，容易犯事吃官司。若此格中又遇桃花星多的時候，是因桃花而起的官司。

廉相坐命的人，命宮中有廉貞化忌時，會頭腦不清，有官非嚴重的問題，中年以後為住院開刀的血光傷災。

廉相坐命的人，夫妻宮為貪狼桃花星，若其人『夫、遷、福』三合宮位中桃花星多時，其人為好色之徒，會影響夫妻關係。

廉貞在『丑、未』入命宮

廉貞在『丑、未』宮入命宮時，必與七殺同宮。稱做廉殺坐命的人，廉貞在『丑、未』宮居平，七殺居廟地，主其人有刻苦耐勞的精神，性格衝動，且愛胡思亂想。其人擅理財，喜愛文藝，注重物質與精神上的享受。

廉殺坐命，若不逢羊、陀、火、鈴四煞者，為『雄宿朝元』格，主富貴，亦有名聲遠播之成就。若加煞星者，宜從武職。

廉殺坐命，甲年生有廉貞化祿的人較吉。丙年生的人有廉貞化忌的人，官非、疾病問題很多。有擎羊、陀羅同宮或在對宮相照的人，會形成『廉殺羊』、『廉殺陀』的惡格，大運、流年、流月三重逢合有路上埋屍、主夭折、傷殘之苦。

廉殺坐命的人，命局中『兄、疾、田』三合宮位形成『機月同梁』格。而兄弟宮與僕役宮有太陽、天梁，若其四方宮位再有文昌、祿星，則可形成完美的『陽梁昌祿』格，可參加國家考試而任官職、走官途。其人財帛宮為紫貪。若有火星、鈴星同宮或相照，亦會擁有『橫發格』暴發運，可多得錢財，或特別的升官機會。

廉殺坐命的人，官祿宮為武破，必須很努力才能做上高位，普通都是工作份外辛苦，而賺錢不多的行業。不過其人有家產可讓其自由發展，做他們想做的事。

廉貞在『寅、申』入命者

廉貞在寅、申宮入命宮，為獨坐，居廟位。對宮為貪狼居平相照。廉貞坐命的人，都非常攻於心計，長於外交，但易與酒、色、財、氣接近。須防因賭而耗敗家產。

廉貞坐命的人，財帛宮是紫相、官祿宮是武府，若此三合宮位中沒有煞星侵入為貴格。否則宜任公營機構之職員。

廉貞坐命的人，『父、子、僕』三合宮位中有文昌、祿星時，則形成『陽梁昌祿』格，有官貴與考試運。但此格中之天梁貴人星居陷落之位，因此必須靠自己的努力才能成就大事業。

廉貞坐命的人，其『命、財、官』三方有羊、陀、火、鈴、化忌、劫空相照時，會影響其人一生的命格與運程的順利。

廉貞坐命的人，夫妻宮為七殺，夫妻間相處應聚少離多，各忙各的，雙方都有工作為佳，否則相互剋害，不美滿。其人福德宮為破軍，一生操勞忙碌，不知休息，為一個忙碌而不能享福的人，也是一個生活嚴謹，一生無法放鬆的人。

廉貞坐命的人，命格的基本型態是『機月同梁』格，屬於技術格，喜權利鬥爭，因此從事政治、做官職，亦能有發展。

廉貞在『卯、酉』入命宮

廉貞在卯、酉宮入命宮，必與破軍同宮，因此稱做廉破坐命的人。廉破坐命的人，為人堅強、有志氣、有抱負，幼年身體不好，體弱多病，父母宮有煞星進入者，與父母緣份淺，或由他人養大。

廉破坐命的人，早年便自己奮鬥，破祖離鄉，白手成家，其人口才不錯，但平日陰沈，很少開口說話。一開口便會語不驚人死不休。一生運程會橫發橫破。為人衝動、做事有苦幹精神。其人因『命、財、官』三合宮位即在『殺、破、狼』格局中，因此一生起伏很大。此三合宮位中再有羊陀、火鈴出現的人，是不畏強權、敢直言犯上的人。

廉破坐命的人，甲年生有廉貞化祿、破軍化權在命宮的人，宜在財經機構任職，可享有高職位。有祿存在命宮或相照的人，宜公職、政界、傳播界任職。有羊陀、火鈴四煞相照命宮的人，主官非鬥爭、疾病、血光、傷殘。有火星、鈴星同在命宮的人，主狼心狗肺，是非勞碌。廉貞、破軍、火星同入命居陷地，主自縊、投河自盡。廉貞化忌加四煞，有官非問題和血液問題。

廉破坐命的人，有敢做敢當不怕死的精神，做武職也最佳。女命亦主有幹才、宜晚婚。

廉破坐命的人，都有『武貪格』暴發運，暴發格在官祿宮中，因此常在職務上暴發旺運而升官，但也能暴發錢財。其一生的運程是大起大落，橫發橫破、不耐久的格局。在丑、未年會暴發，在卯、酉年橫破。

廉貞在『辰、戌』入命宮

廉貞在『辰、戌』宮入命宮時，必與天府同宮，稱做廉府坐命的人。廉府坐命的人，若無羊陀、火鈴、劫空、化忌在命宮或對照的人，而加會六吉星（文昌、文曲、左輔、右弼、天魁、天鉞），主博學多能，宜公職，可做高官、為政府首長。

廉府坐命的人，其疾厄宮與父母宮，這一組星曜中有文昌、祿星出現時，很容易形成『陽梁昌祿』格，是為主貴的格局。做公職、走官途很不錯。

廉府坐命的人，為人很節儉，很吝嗇，但喜用外交手腕，廣結人緣，他們多利用交換的手段與人交換利益。以爭取高官厚祿的企機。

廉府坐命的人，夫妻宮都不好，為破軍入宮，因此要晚婚、聚少離多，否則有再婚之可能。此命也亦遭感情挫折或嫁娶再婚之人。

廉府坐命的人，其財帛宮為紫微，官祿宮為武相，一生金錢運不錯，但其人福德宮為貪狼，為一企求太多，而不知滿足的人，常會人在福中不知福。其人都有較自私，注重自我的利益，不關心他人的情形，因此有家宅不寧的狀況，家中是非特別多。

廉府坐命『辰、戌』宮的人，以坐命『戌』宮較好，父母宮的太陰居旺，據有家財較多。而命坐『辰』宮的人，有『日月反背』的現象，與母親的緣份淺，所承繼的家財也較少。

廉貞在『巳、亥』入命宮

廉貞在『巳、亥』宮入命宮時，必與貪狼同宮，稱做廉貪坐命的人。廉貪在巳、亥宮坐命時，廉貞與貪狼二星俱落陷。主其人一生顛沛勞碌，經濟上不富裕，常有破耗。其人的性格是心直口快，潑辣成性，人緣不太好的人。平常意見多，愛幻想、多說少做，又常沒有主見，人云亦云。一生在酒色財氣中打滾，是非、官符不斷。

廉貞、貪狼、陀羅入命宮的人，為『風流彩杖』格，男命三度新郎、女命三度新娘。若再會煞星與桃花星多的人，因酒色喪生、破財。有廉貞化忌的人要特別注意花柳病。有貪狼化忌的人，會成為過街的老鼠，人人稱厭。

廉貪坐命，遇祿存，稍富。有文昌、文曲同宮，或相照的人，是虛而不實，喜歡誇大，又極易『犯桃花』的人，若再加天姚、咸池、沐浴、羊陀、火鈴，有淫禍。再遇化忌更凶。

廉貪坐命的人，本命就坐在『殺、破、狼』格局上，財帛宮是紫破，官祿宮是武殺，只宜軍旅職，還有發展的機會。做文職無法長久，工作會成斷斷續續，最後成為無業遊民。

廉貪坐命的人，命坐『亥』宮的人較吉，有相合的姐妹、配偶之助，命宮無煞星沖破的人，亦能稍有成就。命坐『巳』宮的人，因有『日月反背』的格局，一生的人緣和機會更差，再有煞星沖破命宮，下賤孤寡，作奸犯科，牢獄之災不免。

天府星入命宮

天府為南斗主星，屬陽土（戊土），為令星，主財帛、田宅，可延壽、解厄。又名祿庫，為財庫星，在數掌財宅及衣食之祿。

天府在命宮忌入空亡為不吉，以『孤』論命。

天府入命，其人為長方臉，中高身材稍胖，皮膚較白，性情溫和，但內剛外柔，忠厚老實，很坦白。為人有傲氣。一生保守謹慎，愛惜錢財，對錢很吝嗇。做事按步就班，喜操心和嘮叨，愛管事。做公務人員最好，因其人較無衝勁，凡事以在安定中求發展，喜歡講究自身在物質方面的享受。

天府是祿庫，命逢總是富，逢煞衝會，主其人奸詐勞碌。尤其是天府遇擎羊、陀羅為最。火星、鈴星次之。

天府坐命，而身宮有天相的人（天相會在其官祿宮），主六親和合，豐衣足食，一生好命，快樂而享受。

天府坐命，喜逢祿存，更富，有超級榮華。遇昌曲、主精明善計算、博學多能，可增貴。遇六吉星主富貴。逢武曲、祿存有鉅富之命。女命天府，為家庭付出很多，一生較勞碌。

天府在『子、午』入命宮

天府在『子、午』宮入命宮，必與武曲星同宮，請參看《武曲在『子、午』入命宮》的部份。

天府在『丑、未』入命宮

天府在『丑、未』宮入命宮時，為獨坐居廟。對宮有廉貞、七殺星相照，廉貞居平，七殺居廟。主其人性格保守孤立，做事沒有恆心，易半途而廢。須有吉星在『命、財、官』三方來照會，一生的運程和命程會得到極大的改善，有財官雙美的格局。例如：乙年、丙年、戊年、辛年生的人，有祿存在財、官二宮的人即是。

天府在『丑、未』宮入命，有太陽、太陰來夾命，再有文昌、文曲、左輔、右弼、天魁、天鉞等來會照，不權則富。以天府在丑宮主富。天府坐命未宮，主掌權位、名聲。

天府坐命的人，以兄弟宮和僕役宮這一組星曜，再加文昌、祿存即能形成『陽梁昌祿』格，經由國家考試，做高級公務員，有官貴，可做財經首長及政府要員。天府坐命『丑、未』宮的人，本命中『父、子、僕』三合宮位即形成完美的『機月同梁』格，因此其人肯定是做公務員的料，或是在民營大企業中任職。

天府坐命丑、未宮的人，財帛宮是空宮，官祿宮的天相也只剛好合格在得地之位。因此甲年、庚年生的人，財帛宮中有羊刃，癸年生的人，有貪狼化忌相照財帛宮，都是錢財困擾不順的人。而丁年、己年、癸年生的人，有陀羅在官祿宮，或是有武曲化忌相照官祿宮的人，都是事業不順，工作上有困擾的人。此外，丙年生的人有廉貞化忌相照命宮，更會有頭腦不清，辛苦勞碌，是非、官非相擾的情形發生。

天府在『寅、申』入命宮

天府在『寅、申』宮入命宮時，必與紫微星同宮，請參看《紫微在『寅、申』入命宮》的部份。

天府在『卯、酉』入命宮

天府在『卯、酉』宮入命宮時，為獨坐，天府在酉宮居旺，在卯宮居得地剛合格之位。對宮有武曲、七殺相照，而武曲居平陷，七殺居旺。主其人性格堅強剛毅，做事很肯苦拼，環境小康，喜愛物質享受，但一生勞碌，享不到福，而且以忙碌為樂。

天府坐命『卯、酉』宮的人，以乙年、辛年生的人，有祿存在命宮。以丙年、戊年、壬年生的人，有祿存在財帛宮的人，一生較財多富足。此命局的人以『父、子、僕』三合宮位形成『機月同梁』格，因此做公務員、薪水階級不錯。命宮有祿存的人，可經商。命宮有天空、地劫同宮的人，人較孤立，經濟狀況不佳，終身辛苦，破耗而無財。

天府坐命『卯、酉』宮的人，若有擎羊同宮或照會，因擎羊居陷的關係，其人更奸詐卑鄙、無財。若有火星、鈴星同宮或相照的人，性情較粗暴，但外表掩飾得很好。

天府坐命『酉』宮，又有祿存同宮的人，主富。台灣首富蔡萬霖就是此命格，而天府坐命卯宮有祿存同宮者且無煞星沖照較次之。此因天府居得地之位之故。此命因福德宮坐廉貪，若再有昌曲、天姚、咸池、沐浴沖照福德宮、財帛宮的人，會賺桃花風化錢。為人較好色淫蕩。

天府在『辰、戌』入命宮

天府在『辰、戌』宮入命宮時，必與廉貞同宮。請參看《廉貞在『辰、戌』入命宮》的部份。

天府在『巳、亥』入命宮

天府在『巳、亥』宮入命宮時，為獨坐居得地之位。受其對宮紫微、七殺相照的影響很深。主其人性格保守，但對錢財特別有興趣，精於理財，喜歡為賺錢而打拼，若身宮落於財帛宮的人，愛財的情況更嚴重，性格也更慳吝小氣。因其人的財帛宮有『武貪格』暴發運來照會，若無羊陀、化忌、劫空在財帛宮形成破格的人，一生可暴發數次好運，暴發錢財無數。若有火星、鈴星在財帛宮的人，則有雙重暴發運，所得的財富更多。

天府在『巳、亥』宮坐命的人，丙年、戊年、壬年生的人有祿存在命宮或相照命宮，乙年有紫微化科相照命宮，壬年生的人有紫微化權相照命宮，若在三方又照會六吉星（文昌、文曲、左輔、右弼、天魁、天鉞）的人，一生榮華富貴，高官厚祿不絕，有位居政府高職之尊。

天府坐命巳、亥宮的人，若福德宮中有武曲化忌或貪狼化忌的人，一生錢財常有不順，是非多，行運到財、福二宮，有人緣關係也不順的煩惱。若有『羊陀夾忌』的情形，行運到此，亦有性命之憂。

天府坐命『巳、亥』宮的人，若命宮有天空、地劫同宮，則有一生孤獨、財帛不豐裕之苦。

太陰星入命宮

太陰為中天斗星，屬陰，屬水，化氣曰富，為財帛及田宅主。太陰就是月亮，象徵『陰性』，為『母宿』，又為『妻星』。在數主財，為財星。又主人之快樂與享受。

太陰坐命的人，論命時必先看其為上弦或下弦，注意其旺弱。而且此命人以夜間出生的為貴。白日出生的人，縱然其命宮居旺宮，也要扣分一、二分，不算盡美。

太陰坐命的人，個性溫和、穩重。有長圓形的臉型，中高身材。命宮居旺的人稍胖。命宮落陷的人較瘦小。其外貌清秀、形態害羞，內心是性急好動，好享受，但易奔波勞碌。男性易與女性接近。身宮若坐太陰星的人，多會離祖改姓或隨母改嫁而改姓。

太陰代表母親，可斷母親之吉凶。女命太陰也代表自己，男命太陰則代表妻子。同時太陰也代表女兒，及家中陰性親屬。太陰入命具刑剋特色。太陰坐命的人，幼年會刑剋母親，女命中年以後不利自己。晚年不利女兒。男命太陰，居旺時，易與女性接近，桃花重。太陰落陷坐命時，不利妻女，刑剋嚴重。並且夜間出生的人，最不宜命宮居陷，陷則剋母、剋妻，會有幼年失怙，中年喪妻之苦。

太陰坐命的男子，多有女兒態，為人較娘娘腔。亦能得女子之助而成功。命宮有化科、化權、化祿的人，肯定為女子之助而得富貴。

太陰為相思之星，喜談情說愛，太陰坐命的人，一生以感情為重，凡事重情不重理，較會獲短。性格上較陰沈，有猜疑好妒之心。會有感情上的困擾，亦喜歡風花雪月的靈性生活。

太陰喜與昌曲、左右、魁鉞等六吉星相照會，如又在廟地，主一生富貴快活。太陰落陷者，宜外出離鄉發展為吉。太陰居卯宮坐命，又有文曲同宮者，為卜卦相命之士。

太陰最忌與擎羊同宮坐命，主財橫破，且沖剋家中陰人，及自縊身亡之命程，太陰落陷入命宮，再與羊陀、火鈴同宮的人，主有肢體殘障之狀況。

太陰在『子』入命宮

太陰在『子』宮入命宮時必與天同星同宮，請參看《天同在『子、午』入命宮》的部份。

太陰在『丑』入命宮

太陰在『丑』宮入命宮時，必與太陽同宮，請參看《太陽在『丑』入命宮》的部份。

太陰在『寅』入命宮

太陰在『寅』宮入命宮時，必與天機同宮，請參看《天機在『寅、申』入命宮》的部份。

太陰在『卯』入命宮

太陰在『卯』宮入命宮時，為獨坐居陷位，其對宮有居平位的天同星相照。主其人性格溫和、柔美。但因財星與福星皆居平陷的位置，因此一生財少，較勞碌奔波。

卯宮為太陰東潛之所，無論男女，坐命此宮者，皆主刑剋父母。自小離家，在外創業為佳。否則會隨母過繼，棄祖離宗。

太陰坐命卯宮的人，財官二宮有太陽、天梁，若再有文昌、祿星入三合宮位的人，會有『陽梁昌祿』格，可做志節高超的寒儒學者。在平順中有名聲。太陰與文曲同入命宮的人，以卜相為業。

太陰坐命卯宮的人，丁年生的人有太陰化祿，戊年生的人有太陰化權在命宮，雖多勞碌，但事業與財富稍順。

太陰坐命卯宮的人，三合宮位忌逢羊陀、火鈴。否則有好酒色、邪淫、夭折之狀況。逢煞多者，有肢體傷殘的問題。

太陰坐命卯宮的人，在命格中亦有『武貪格』暴發運，辰、戌年會暴發，但必須『暴發格』中沒有羊陀、化忌、劫空才行。有暴發格的人亦可多得財富，以彌補本命中財少的窘境。

太陰在『辰』入命宮

太陰在『辰』宮入命宮時，為獨坐落陷，對宮有落陷的太陽星相照，為『日月反背』的格局。男女皆主對家中陰性親屬有刑剋狀況，女命且有自剋狀況。『辰』宮為天羅宮，雖對煞星有抵制作用，平常太陰最忌擎羊，但在『辰』宮相遇時，卻有激發作用，反倒是能發奮圖強，力爭上游，只不過刑剋特色依然存在，主孤寡，且易因鬱悶而自殺。

太陰在『辰』宮坐命的人，因『命、財、官』三方形成『機月同梁』格，因此以上班族、薪水階級為佳，有羊陀、火鈴、加桃花星的人，會因酒色、桃花劫而失敗遭災。陰年生的女子，其禍更深。

太陰坐命『辰』宮的人，因『日月反背』的格局，在女子團體與男子社會中皆不順，有人緣欠佳的問題，也易躲在人後，人生有晦暗的感覺。命宮中有文昌、文曲同宮的人，易信宗教，或以命相卜卦為生，對五術算命有特別的興趣。

太陰坐命『辰』宮的人，因本命財星陷落的關係，一生的財富不多，以平順為主，在錢財上多是非、變化、進財不是很順利。在六親緣份上，和父母有代溝，相處惡劣。夫妻宮為空宮，婚姻常為有實無名之現象。子女宮為紫破，與子女親子關係亦不是很和諧。只有兄弟宮較好，較能相合。僕役宮為武殺，為『因財被劫』的形式，交不到真心的好朋友，六親關係多不順。因此其人在感情生活上不順暢，接近命理、宗教會對人生觀有幫助。

太陰在『巳』入命宮

太陰在『巳』宮入命宮時，為獨坐居陷落之位，亦有居陷的天機相照。財星居陷，又加上運星居陷，對其人大為不利。主其人幼年時代經歷坎坷，體弱多病，失怙失恃，而且直接刑剋直系女性親屬。此命多半是幼年無父無母，由祖父母、外祖父母養大，或寄居叔伯、阿姨家，孤苦伶仃，幼受欺凌之人。宜外出工作，做公教職。因財星陷落的關係，不宜經商。丙年生、戊年生、壬年生的人，有化祿及祿存在命宮的人境遇稍好，但也容易孤獨，且富裕不耐久。

太陰在巳宮坐命的人，官祿宮為太陽、天梁，『命、財、官』三合宮位中有文昌及祿星（化祿、祿存）的人，可形成『陽梁昌祿』格，發奮讀書，可有高官厚祿。其人本命就坐在『機月同梁』格上，故必須做公務員、上班族、薪水階級，一生才會財運順暢。

太陰在巳宮坐命的人，男命具有籌劃謀略之才，且受異性歡迎，好酒，一生較勞碌。女性此命者，多晚婚，須防感情困擾。若會照煞星多者，一生不順。尤忌有化忌在命宮或相照命宮，再有羊陀相夾，是為『羊陀夾忌』格，流年、流月、流日三重逢合，會有性命之憂。

太陰坐命在巳宮的人，命局上是『日月反背』的格局，因此中年以後會過於懶惰。其福德宮又為天同、巨門，並且相照財帛宮。因此一生金錢運不順，是非多，操勞奔波，只求平順而已。

太陰在『午』入命宮

太陰在『午』宮入命宮時，必與天同星同宮，請參看《天同在『子、午』入命宮》的部份。

太陰在『未』入命宮

太陰在『未』宮入命宮時，必與太陽星同宮，請參看《太陽在『未』入命宮》的部份。

太陰在『申』入命宮

太陰在『申』宮入命宮時，必與天機星同宮，請參看《天機在『寅、申』入命宮》的部份。

太陰在『酉』入命宮

太陰在『酉』宮入命宮時，為獨坐居旺，對宮有居平的天同星相照。此命因三合照會之太陽星也居旺，因此若無煞星沖照時，此命主富貴，且一生快樂

（有自己的精神理念與生活方式）。此命為女命者尤佳。

太陰坐命酉宮的人，為人溫和、善良、聰明、有才幹。『命、財、官』三合宮位中再有化祿、祿存、文昌進入時，具有『陽梁昌祿』格，能有高學歷及考試運。參加國家考試，能做高級公務員及政府官職，是財官雙美的格局。

太陰坐命『酉』宮的人，還有『武貪格』暴發運，在辰年、戌年會暴發，唯獨辰、戌二宮中不能有羊陀、化忌、劫空進入方可，否則為破局。此暴發格會助其人暴發錢財或官運。

太陰坐命『酉』宮的人，本命亦是『機月同梁』格，因此做公務員、上班族、薪水階級為佳。丁年生有太陰化祿，戊年生的人有太陰化權在命宮的人，在財富的獲得與職務成就上更能掌握一流好運，及早成功。

太陰坐命『酉』宮的人，因『酉』宮為桃花地，主其人有異性緣。男子會因女人之助而成功，且可得妻財之助。女子卻常遭感情困擾而煩惱。乙年生的人有太陰化忌，一生和女人是非糾葛，在女人的團體中人緣欠佳。若有羊陀、火鈴同宮的人，其人思想開放，感情問題更複雜。

太陰在『戌』入命宮

太陰在『戌』宮入命宮時，為獨坐居旺。其對宮相照之太陽星也居旺。主其人性格溫和爽朗、好動、有慈愛、寬宏及服務熱心的性格。聰明有才智，感情細膩，善思考，機智多謀。此命的男子較為內向。此命的女子較外向而活潑。此命的人，外型俊美。身材中等較高。

太陰坐命戌宮的人，本命是『機月同梁』格，是做薪水階級的人，若辰、戌宮有文昌、祿星（化祿及祿存）進入的話，也具有『陽梁昌祿』格，有讀書、考試運，做高級公務員，走官途，是財官雙美的格局。

太陰坐命『戌』宮的人，丁年生有太陰化祿在命宮，戊年生有太陰化權在命宮。庚年生的人有太陽化祿相照命宮。辛年生的人有太陽化權相照命宮。癸年生的人有太陰化科在命宮，都是主貴和主富的格局。但是辛年生會有擎羊（羊刃）在命宮，壬年生會有陀羅在命宮的人，一生會有驚險之事，多勞碌、煩悶，受到影響，成就也會稍遜。

太陰坐命『戌』宮的人，多半少年得志，頑皮而好動，且有早婚現象。這主要是父母宮坐廉貪，在家中待不住之故。其夫妻宮為空宮，有天同、天梁相照，此命要小心因感情空虛，而做別人婚姻中的第三者。尤其是命宮中有擎羊星的人，會因感情問題而鬱悶自殺。影星于楓即是此例。

太陰在『亥』入命宮

太陰在『亥』宮入命宮時，為獨坐居旺，對宮相照的有落陷的天機星。若不再加會煞星。此為『月朗天門』格。若再有文昌、文曲、天魁、天鉞同宮的人，主早年得志，可為藝文界之名人，一生快樂無憂，且利於公職，為高官貴冑之流。前法務部長、現今台北市長馬英九先生即為太陰、文曲坐命亥宮的人。

太陰坐命『亥』宮的人，因其官祿宮為太陽、天梁，若在『命、財、官』三合宮位中再有文昌及祿星，即有『陽梁昌祿』格。會有高學歷和走官途的美運。其本命又為『機月同梁』格，因此必須做公務員，薪水階級，財富漸積較佳。

太陰坐命『亥』宮的人，也適合做房地產生意，其財帛宮雖為空宮，有天同、巨門相照，手邊的錢財可資運用的雖不多，但田宅宮為武曲、天相，房地產的數量卻不少。

太陰坐命『亥』宮的人，乙年生的人有化忌在命宮，太陰在亥宮不畏化忌，正所謂化忌不忌，是為『變景』。對其人的富貴前途沒有影響，只是會有心中抑鬱煩悶的問題，須要自我排解，也會有是非多的困擾。

太陰坐命『亥』宮的人，最宜子年、丑年生的人，而且要夜生人最佳，有大富大貴之命。白日生的人則不合格，其富貴即如平常。

貪狼星入命宮

貪狼星為北斗中第一顆星，五行屬水木、屬陽。為解厄之神，主禍福。化氣為桃花，可化桃花殺。在數為喜做放蕩之事，遇吉星則富貴。遇凶星則虛浮。

貪狼坐命的人，臉型為長圓形，居廟旺時，其人高大較胖。居陷地較矮。其人性格剛猛威嚴，有機謀、佔有慾強、喜愛變化、性格無常、心計多、做事馬虎快速、不耐靜、好動、好賭博、貪酒色，為人較浮蕩，略帶偏激的性格。貪狼在辰、戌、丑、未宮（四墓宮）坐命者，或本命有空亡者，反能習正，成為端正君子。

貪狼坐命的人，以命宮在四庫為廟地，是『富大貴小』之人。再遇火鈴亦然。若在四庫宮又有化權相隨著，武職崢嶸，為大貴之人了。

貪狼若與破耗分處於命宮和身宮時，其人會有好賭博、酒色、破耗家產，女子此命會淫奔或墜入風塵。若再遇『羊陀交併』，會做風流之鬼。若與文昌、文曲同度，為人喜吹噓不實在，作事顛三倒四，是非顛倒。若與武曲同宮而有羊陀，化忌同宮的人，為人慳吝，有肥已之心，一生起伏，不算順利。

貪狼坐命的人，多才多藝，喜博學但少精。貪狼亦為運星、偏財星。貪狼居旺坐命的人，主一生好運多，偏財運強，遇火星、鈴星、偏財運更強，可制化火星、鈴星之惡。貪狼亦主壽，貪狼居旺坐命的人較長壽。貪狼居陷入命的人壽短。

貪狼在『子、午』入命宮

貪狼在『子、午』宮入命宮時，為居旺獨坐。對宮有紫微星相照，對其一生的影響很深。主其人為人圓滑，口才佳，有文藝修養。其人外表俊美高佻，氣質優美。命宮有貪狼化祿、貪狼化權的人和有紫微化權、紫微化科相照的人，一生較順遂，事業有發展。

貪狼坐命『子、午』宮的人，以申、子、辰年生的人為下局，因有擎羊星居命宮或相照命宮的關係，癸年生有貪狼化忌在命宮的人，命局也不美，一生多是非競爭，為人也較古怪、人緣不佳，機會不夠好，有傷運程。

貪狼坐命『子、午』宮的人，以坐命『子』宮命程較佳。四方宮位之田宅宮有太陽、天粱相照，若有文昌及祿星在『命、子、遷、田』四方宮位中出現，會有『陽粱昌祿』格，多讀書參加國家考試可走官途。唯獨貪狼與文昌、文曲在子、午宮同度時，其人會有頭腦不清，是非顛倒，政事不清的狀況，也會影響前途。

貪狼坐命『子、午』宮的人，若在子、午宮有火星、鈴星同宮或對照的人，具有暴發運和偏財運，此格必須無擎羊、劫空、化忌同度才行，否則亦會不發或發得過小。

貪狼坐命『子、午』宮與擎羊同宮，會從事屠宰行業，若與天空、地劫同宮，財來財去總成空。

貪狼居『子』宮坐命者，為『泛水桃花』格局，落空亡可習正。否則因酒色而敗事、耗財或喪生。有吉星同宮在『命、財、官』三合宮，則較可趨吉。

貪狼在『丑、未』入命宮

貪狼在『丑、未』入命宮時，必與武曲星同宮，請參看《武曲星在『丑、未』入命宮》的部份。

貪狼在『寅、申』入命宮

貪狼在『寅、申』宮入命宮時，為獨坐。居平之位，對宮有廉貞居廟地相照，因此受其影響很大。主其人性格堅強、剛毅、才藝多、心高氣傲、喜交際應酬，並以此為資源。對政治有極高的興趣。庚年生，命坐申宮的人，有祿存星在命宮，夫妻宮有武曲化權會相照官祿宮，為財官雙美的格局。其他人如甲年生有祿存、廉貞化祿與命宮同度，或戊年生有貪狼化祿，己年生有貪狼化權在命宮的人，宜經商有好運，走藝文路線亦佳。貪狼坐命『寅、申』宮的人，若與文昌、文曲同宮，主多虛少實，為人虛偽不實在。若有貪狼、陀羅同宮於申宮的人，主其人從事居宰業。若有地劫、天空同在命宮的人，宜公職、上班族，否則會有工作和生活上的危機，金錢不順。

貪狼在『寅、申』宮坐命的人，在『兄、疾、田』這一組三合宮位中若出現文昌、祿星，亦有『陽梁昌祿』格，多讀書，參加公職考試有官格。但此命局中天梁居陷落的位置，貴人少，一切需靠自己多努力。此命局且有家宅欠安寧的跡象。

貪狼在『卯、酉』入命宮

貪狼在『卯、酉』宮入命宮時，必與紫微星同宮，請參看《紫微在『卯、酉』入命宮》的部份。

貪狼在『辰、辰』入命宮，請參看書尾308頁增訂部份。

貪狼在『巳、亥』入命宮

貪狼在『巳、亥』宮入命宮時，必與廉貞星同宮，請參看《廉貞在『巳、亥』入命宮》的部份。

巨門星入命宮

巨門星為北斗中第二顆星，屬水、屬陰，化氣曰暗。在數主是非暗昧。又稱為隔角煞。為陰精之星。

巨門入命宮時，主人幼年坎坷，一生多招是非，六親寡合。此星必須入廟加吉星趨吉。否則富貴不耐久。其人個性多疑，做事常反覆不定，造成是非。一生多勞心勞力，多學少精。口舌便佞，與人交往總是初善終惡，友誼不長久。正是『天下沒有永遠的朋友，也沒有永久的敵人』最佳的寫照。巨門居陷時，是非災禍頻頻。

巨門坐命的人，若有羊、陀在命宮，主其人羸黃困弱。居陷者，尤其矮小瘦弱。巨門居旺者較肥胖高大，巨門最喜廟旺及有祿存來解厄，則可趨吉稍富。

巨門、火星、擎羊三星同坐於身、命宮的人，大小限又逢惡限的人，主縊死或因火災身亡。巨門與天空、地劫同坐命宮的人，幼年會遭遺棄，一生坎坷，再有火星、鈴星同宮主煩憂一生。

巨門與化忌同宮坐命的人，多頭腦不清，固執己見，積非成是。三合四方官位再多煞星來會的人，多盜竊宵小之徒。

巨門遇化祿、化科加桃花星如紅鸞、天姚、昌曲、咸池同宮的人，易為演藝圈名人。巨門遇化權，說話有權威，可做民意代表。

巨門主口舌，主口腹之慾，好吃。巨門亦為孤獨之宿，會以口舌便佞、吃美食、賭、掌權、主使別人來發洩。巨門坐命的人也易嘮叨，愛挑剔別人，注重小節問題，疑神疑鬼，不滿現況，多要求別人，而不要求自己，性格變化快。而命宮在『辰、戌、丑、未』宮的人，常記憶力不好，忘東忘西。丁年生有巨門化忌，又有擎羊在四方之位相照的人，容易被騙，丟東西，也容易為非作歹，不行正路。

巨門在『子、午』入命宮

巨門在『子、午』宮入命宮時，為居旺獨坐。對宮有居廟的天機星相照，對其影響很深。會使其人機巧多變，而且在變化中出現好的契機。其人的外表也會有中等稍高的身材，聰明機智，善於應變，以巨門坐命『子』宮的人命程較好，因其官祿宮為太陽居旺，若無煞星沖會，事業有成。若加會化祿、化權、化科的人，為『石中隱玉』格，主富貴，而以辛年有巨門化祿，癸年有巨門化權的人為上格。且命宮為巨門，對宮有天機化權來照會的人，多會走政治路線，若再有昌曲、左右來輔助者，會有官格，高雄市長謝長廷先生便是此命格的人。

巨門在『子、午』宮坐命的人，丙、戊、壬年有擎羊在命宮的人，主男女邪淫、主困、孤寒。若三合宮位有火星、鈴星出現，三合湊殺，有火厄喪生之危險。

巨門坐命『子、午』宮的人，若子、午、卯、酉宮再有桃花星照會的人，能成為演藝圈名流。若是巨門化忌在命宮的人，一生是非不斷、煩憂相擾只為平常人。若再有煞星沖會的人，為邪惡之輩，其格局更等而下之。

巨門在『丑、未』入命宮

巨門在『丑、未』宮入命宮時，必與天同星同宮，請參看《天同在『丑、未』宮入命宮》的部份。

巨門在『寅、申』入命宮

巨門在『寅、申』宮入命宮時，必與太陽星同宮，請參看《太陽在『寅』宮入命宮、太陽在『申』宮入命宮》的部份。

巨門在『卯、酉』入命宮

巨門在『卯、酉』宮入命宮時，必與天機星同宮，請參看《天機在『卯、酉』入命宮》的部份。

巨門在『辰、戌』入命宮

巨門在『辰、戌』宮入命宮時，為居陷獨坐。其對宮有居平的天同星相照。其人外表矮瘦，性格溫和但多是非，為人一生怠惰沒有事業心。辛年生有巨門化祿、癸年生有巨門化權的人，稍能發奮努力。若其子女或田宅宮，這一組對照的宮位中有文昌、祿星進入也可形成『陽梁昌祿』格。在有『陽梁昌祿』的年運裡，可上進有官位、祿位，亦可做廣播、電視節目主持人。

巨門坐命『辰、戌』宮的人，一般人多靠配偶之財生活，不太會在事業上發展，其本命雖為『機月同梁』格，須做薪水階級，但此命人多發揮動口不動手的特性，較喜歡指使他人工作，而自己怠惰。

巨門坐命辰宮，其財帛宮為太陽陷落，若又是丁年生有巨門化忌在命宮，有擎羊星在田宅宮與廉貞、七殺同宮的人，主一生困厄。流年、流月、流日三重逢合田宅宮中之『廉殺羊』格局時，主車禍死亡。

巨門坐命『辰、戌』宮的人，若有火星、鈴星同宮入命，逢惡限為『巨逢四殺』時，主惡死，亦主火厄。三合湊殺者亦同。

巨門在『巳、亥』入命宮

巨門在『巳、亥』宮入命宮時，為獨坐居旺，其對宮有太陽星相照。巨門坐命『亥』宮為佳，因其對宮相照的太陽星居旺，一生運程較佳。辛年生的人，有巨門化祿坐命宮，有太陽化權來相照，是事業有成，富足一生的人。若再有桃花星天姚、紅鸞、咸池、天喜、沐浴及昌曲、左右、魁鉞來會的人，可成為演藝界、娛樂、文藝圈之名人。

巨門坐命『巳』宮的人，因對照的太陽星居陷，幼年命運乖桀、可能遭遺棄或寄養他處。命程中亦有『日月反背』的格局，因此有中年以後漸怠惰的情形，一生運程稍差。

但是巨門坐命『巳、亥』宮的人，都有『武貪格』暴發運，在辰年、戌年會暴發。只要沒有化忌、擎羊、陀羅、劫空在辰、戌宮出現，都可暴發偏財運或在工作上暴發旺運而得財。

巨門坐命『巳、亥』宮的人，在『夫、遷、福』一組的三合宮位中若有文昌、祿星（化祿或祿存）進入時，也會有『陽梁昌祿』格，可因讀書努力，考試進取，而做高級公務員走官途。癸年生有巨門化權在命宮的人，亦可做民意代表、國會議員之流。

天相星入命宮

天相星為南斗第二顆星，屬陽，為壬水。司衣食、化氣為印、主官祿。天相為印星，在數司爵祿，為善福，故亦為福星，為衣食享受之宿。此星可化廉囚之惡（廉貞星），若得紫微、天府、文昌、文曲、左輔、右弼來會照，有『財官雙美』的格局。

若與天府分處於身、命宮，則一生有高壽，並享受極佳。天相落陷坐命，再逢武破、羊陀相照之人，有巧藝維生。天相逢火鈴最惡，有傷殘的情況。

天相坐命的人，多個性溫和，誠實、謹言慎行、穩重而勤勞，有正義感，思慮周詳。其人相貌忠厚老實、端正。衣著整齊端莊，喜歡調解紛爭做和事佬，服務熱心，但本身因衝勁不足，較少競爭心，一生豐衣足食，為居家多財數，有家產之人。

天相坐命有昌曲、天姚來會，為邪桃花，男命好嫖賭，女命做細姨或娼妓。如再有羊陀來會，桃花變色，福不全，有桃花劫煞。

天相逢廉貞、擎羊為『刑囚夾印』格，有化忌、天刑亦同，注意官符，有牢獄之災。天相坐命遇火鈴同宮的人，有病痛、殘疾以及帶病延年的狀況。天相加地劫、天空同坐命的人，主困，貧窮。

天相在『子、午』入命宮

天相在『子、午』宮入命宮時，必與廉貞星同宮，請參看《廉貞在『子、午』入命宮》的部份。

天相在『丑、未』入命宮

天相在『丑、未』宮入命宮時，在丑宮居廟地，在未宮居得地剛合格之位。其對宮有紫微、破軍相照，受其影響很深。天相坐命丑宮的人身材稍高一點，坐命未宮的人稍矮一些。都有能刻苦耐勞，打拼努力的奮鬥精神。天相居丑宮的人因財帛宮中的天府星居旺，因此較富有。並且田宅宮中之太陽星也在旺位，是故家財甚豐。而天相坐命未宮的人，則有『日月反背』的現象，財富與成就稍遜。

天相坐命『丑、未』宮的人，命格裡只有『機月同梁』格，是必須做薪水階級、上班族才能積富之人。

天相坐命『丑、未』宮的人，其夫妻宮為廉貪，易有多次婚姻。因廉貪俱陷落，照會官祿宮，而官祿宮又無主星，故一生事業平平，多為藍領階級的人。若官祿宮中有文昌、文曲進入，雖可在文化圈中工作，但照會廉貪，在流年、流月運程逢到時，會因是非不明，政事顛倒而敗事喪職。若昌曲在夫妻宮中與廉貪同宮，則淫亂事多，因酒色而敗事，再會羊陀、火鈴者，因酒色桃花而喪生。

天相在『寅、申』入命宮

天相在『寅、申』宮入命宮時，必與武曲星同宮，請參看《武曲在『寅、申』入命宮》的部份。

天相在『卯、酉』入命宮

天相在『卯、酉』宮入命宮時，為居陷獨坐。對宮有居平陷之位的廉貞、破軍相照。其人外貌個子較矮。性格保守，愛思考多疑，但擅於理財。為人勤奮努力，辦事能力高，宜做公職，不宜做生意。乙年、辛年生的人，命宮中有祿存星的人，再有昌曲、左右相輔相照的人，事業能有成就，主富，但須辛勞奔波。甲年生有廉貞化祿、破軍化權相照命宮，癸年生的人有破軍化祿相照命宮的人，可做貿易財經工作，或任財經官員，能有掌權之機會。天相坐命卯、酉宮的人，因其還移宮是廉破，故所處的環境都是破破爛爛或是非爭鬥多的環境。

天相坐命『卯、酉』宮的人，有『武貪格』偏財運，在丑、未年會爆發，但要注意丑、未宮中或相照宮位須沒有羊陀、化忌、劫空才行，否則為破格不發，或發得較小。

天相坐命『卯、酉』宮的人，若『夫、遷、福』三合宮位再有羊、陀照會，會形成『廉殺羊、廉殺陀』的惡格局，在卯、未、亥年要注意三度重逢的問題，會有車禍喪生、傷殘的危險。

天相在『辰、戌』入命宮

天相在『辰、戌』宮入命宮時，必與紫微星同宮，請參看《紫微在『辰、戌』入命宮》的部份。

天相在『巳、亥』入命宮

天相在『巳、亥』宮入命宮時，為獨坐，居得地之位。對宮有武曲、破軍居平陷位相照。主其人外在的經濟環境不佳，但仍能努力奮鬥。其人身材中等較瘦。性格溫和不拘小節，聰明且擅理財，注重自身的生活享受。一生手邊的錢財流通順暢，但房地產則常買進賣出，若田宅宮沒有煞星（羊陀、火鈴、劫空）的人，晚年可保有房地產。

天相坐命『巳、亥』宮的人，在其命局中子、午宮對照的這一組星曜中有太陽，天梁，若再有文昌、祿星形成『陽梁昌祿』格，可讀書致仕，一生成就非凡。否則只為『機月同梁』格做薪水階級的命格。

天相坐命『巳、亥』宮的人，夫妻宮為紫微、貪狼，為夫妻性情相投，婚姻幸福之格局，男命主有能幹之妻，女命主有多才多藝之夫。丙年、戊年、壬年生的人，有祿存在命宮，為福格，有財祿。若有左輔、右弼同宮，或會照擎羊、陀羅者，亦是不美，有離異之可能。

天相坐命『巳、亥』宮的人，不喜有武曲化忌相照命宮，有一生多波折，錢財多是非麻煩不順。也不喜昌曲在命宮中，否則和遷移宮中之破軍相照會，有貧窮、水厄之苦，其人只落得外貌有氣質之寒儒風範。亦不喜有劫空入命，主人生艱困、貧窮。亦怕火、鈴沖破，會有殘疾。

天梁星入命宮

天梁為南斗中第二顆星，屬土，屬陽性。化氣為蔭。司壽祿，有解厄制化的功能。為父母之主宰。

天梁坐命的人，性情溫和，臉長方，天梁居旺時，人體型高大強壯。天梁居陷時，人較矮瘦。其人聰明耿直，臨事果決。有機謀，喜舌辯，喜競爭，性格霸道、固執、孤高、為人厚重、有威嚴、心地善良。喜歡照顧別人、正義感重、樂於助人。

天梁為正桃花、人緣桃花、為師格。為神蔭，也有父母蔭。命宮中有天梁居旺者、主長壽。

天梁入命居午宮，丁年、己年、癸年生的人，有祿存在命宮，為『壽星入廟』格，官資清顯，富貴雙全。

天梁星為『陽梁昌祿』格與『機月同梁』格這兩個主宰人生格局中的主要星曜，缺其不可，主要是因為天梁為貴人星，天梁居旺時，能助人一臂之力，在官途、事業、財運上相助順利。

天梁與太陰分處於命宮、身宮時，其人愛漂泊遊蕩，浪跡天涯，此命最好做旅遊業、貿易業為佳。

天梁入命，有陰煞同宮時，是神煞混雜的人，宜做乩童。

天梁入命，遇火星、擎羊為破局。主孤寡，夭折、奸險。

天梁在『子、午』入命宮

天梁在『子、午』宮入命宮時，為入廟獨坐。對宮為太陽星相照。此為『壽星入廟』格，富貴同高。若再有文昌、祿星（化祿、祿存）來同宮或照會，主傳臚第一名。有高學歷、高官職、地位。李登輝總統即是天梁化祿坐命午宮的人。

天梁坐命『子、午』宮的人，『命、財、官』三合宮位亦形成『機月同梁』格，為公務員、薪水階級之格局。此命人若加上前述之『陽梁昌祿』格局，兩者都擁有的人，可為政府官員，或有名的學者。

天梁坐命『子、午』宮的人，若與擎羊、陀羅、地劫、天空同宮的人，為平凡之輩。

天梁坐命『子、午』宮的人，若子女宮或田宅宮中有火、鈴進入時，可有暴發偏財運的機會。

天梁坐命『子、午』宮的人，因夫妻宮有巨門星居陷位，夫妻間是非多，田宅宮中若再有煞星進入時，更是家宅不寧，且不易保留家財，形成財庫破耗，錢財無法留存。流年行運於此，也容易因房地產發生糾紛麻煩。

天梁在『丑、未』入命宮

天梁在『丑、未』入命宮時，為居旺獨坐。對宮有落陷的天機星相照。主外在的機會不佳，必須靠自己的努力來衝破困境。

天梁坐命『丑、未』宮的人，頭腦聰敏，有智慧、有壽。秉性溫和，喜歡閒雲野鶴的生活方式。坐命『丑』宮的人比坐命『未』宮的人，財富多一些，因為坐命『丑』宮的人，財帛宮中的太陰星居旺的關係。

天梁坐命『丑、未』宮的人，本命是『機月同梁』格，是公務員、薪水階級的命格。但是在『命、財、官』三合宮位中有文昌、祿星出現時，也會有高學歷，做高級公務員，有官格的機會。

天梁坐命『丑、未』宮的人，還有『武貪格』暴發運，在辰年、戌年會暴發，但此格須在命盤上辰、戌宮中沒有羊陀、化忌、劫空等星才行，否則為破格。

天梁坐命『丑』宮的人，其事業成就會較命坐『未』宮的人高出很多。因為天梁坐命『丑』宮的人，事業宮為太陽居旺，再有昌曲同宮，做學者講學、做民意代表、做官，都有出世榮華。而天梁坐命『未』宮的人，事業宮為太陽居陷位，在男人社會中沒有競爭力，事業上會有一段晦暗的日子，官運不濟。

命宮中有化祿、化權的人，情況較好，也會多增力量。

天梁在『寅、申』入命宮

天梁在『寅、申』宮入命宮時，必與天同星同宮，請參看《天同在『寅、申』入命宮》的部份。

天梁在『卯、酉』入命宮

天梁在『卯、酉』宮入命宮時，必與太陽星同宮，請參看《太陽在『卯』入命宮、太陽在『酉』入命宮》的部份。

天梁在『辰、戌』入命宮

天梁在『辰、戌』宮入命宮時，必與天機星同宮，請參看《天機在『辰、戌』入命宮》的部份。

天梁在『巳、亥』入命宮

天梁在『巳、亥』宮入命宮時，為居陷地獨坐。對宮有居廟地的天同星相照。主其人性格溫和，好逸惡勞，喜歡享福，且為漂泊之命。驛馬強烈，浪跡天涯，家中待不住。女命也易受引誘。

天梁坐命『巳、亥』宮的人，在『命、財、官』三合宮位中有文昌、祿星進入，即形成『陽梁昌祿』格。能增高學識與人生境界。否則只為『機月同梁』格，為一普通的上班族。

天梁坐命『巳、亥』宮的人，有劫空、陀羅在命宮，或相照命宮的人，其命局為破格，主孤寡夭折。有天梁、陀羅同在命宮之人，奸險、傷風敗俗之流。四方三合處若遇羊陀、火鈴四殺俱全者，主下賤，一生險惡，不得善終。

七殺星入命宮

七殺星為南斗星中第六顆星。屬火、金。屬陰。在數主肅殺。為將星。亦為孤剋刑殺之宿，成敗之孤辰。司生死，遇紫微化為權。

七殺坐命的人，身材多矮壯，陷地瘦弱有傷殘現象，或是臉微麻。其人命宮居廟地者，有謀略，有生殺大權，最利武職。若有昌曲在三合照會命宮的人，有極品之貴。但七殺忌與空亡同宮，否則無威力，實權落空。

七殺坐命，若逢凶煞於四生之地（寅、申、巳、亥宮）為屠宰業之人。若會刑囚二星，主傷殘，且有刑剋。

如果命宮或身宮有七殺星，而流年又走七殺運，謂之『七殺重逢』，再有流年羊陀來相沖或相夾的人，會有禍事、死亡之憂。

七殺若照會紫微星，再有祿存、天馬可解七殺之惡運。

七殺坐命的人，精神空虛，六親緣薄，要離鄉才能發展。其人好動不耐靜，少年坎坷不利，幼年身體不好，容易有外傷。成年以後，身體漸強壯。

七殺坐命的人，眼睛大，黑眼珠很大，黑白分明。形態威嚴，性急暴躁，喜怒無常，作事多疑惑。但聰明有魄力，勇於承擔責任。做事速戰速決，有吃苦耐勞的精神。個性強，不肯認輸，喜歡獨當一面，不願被人管。七殺坐命的人，不宜早婚，否則會有感情失利，或身體欠佳的毛病。

七殺坐命遇四煞（羊陀、火鈴）有意外禍端、血光、傷殘、死亡之事。七殺坐命有天姚照會或同宮的人，有感情糾紛。

七殺在『子、午』入命宮

七殺在『子、午』宮入命宮，為居旺獨坐。對宮有武曲、天府相照。其人在外面的世界是一個大財庫，只要努力打拼便可得財。有堅強的性格，獨立好勝的自尊心，精於謀略，性格善變，是一個天生勞碌命的人，本命為『機月同梁』格，宜公職、上班族。

七殺坐命『子、午』宮的人，若其『兄、疾、田』這一組三合宮位中有文昌及祿星（化祿或祿存），其人便擁有『陽梁昌祿』格，會有高學歷，及專門性技術。若再有左輔、右弼相夾命宮，主有大將之才。否則在公職中亦會有表現。

七殺坐命『子、午』宮的人，若有擎羊、天刑照會命宮，可為牙醫、外科醫生之流。若四方三合宮位中有『羊陀、火鈴』四殺相照，主夭折或陣亡。若命宮對宮有武曲化祿相照，或有祿存在命宮的人（丁年、己年、癸年生的人），可做政府財經首長或官員。

七殺坐命『子、午』宮的人，夫妻宮為紫微、天相，在感情和家庭生活上尚稱美滿，只是一生忙碌，為一停不下來無法休息的人。

七殺在『丑、未』入命宮

七殺在『丑、未』宮入命宮時，必與廉貞星同宮，請參看《廉貞星在『丑、未』入命宮》的部份。

七殺在『寅、申』入命宮

七殺在『寅、申』宮入命宮時，為獨坐居廟位。對宮有紫微、天府相照。

七殺不遇煞星，在『寅』宮坐命時，為『七殺仰斗』格。在『申』宮坐命時為『

七殺朝斗』格。因七殺居寅宮時，則紫府居申宮在上方，故為仰斗。而七殺居申宮時，則紫府在寅宮在下方，而為朝斗。此命格主武職崢嶸、富貴榮昌。甲年生、庚年生的人有祿存在命宮，是財官雙美的格局。有左輔、右弼、文昌、文曲相夾輔助或照會的人更佳，亦主文武雙全，為大將之才。

七殺坐命『寅、申』宮的人，若逢四殺照會命宮，主陣亡。而女命居『寅、申』宮，又為七殺坐命者，事業極有成就，但感情問題亦多，需小心。

七殺坐命『寅、申』宮的人，在『兄、疾、田』這一組三合宮位中，若有文昌、祿星進入的人，會有『陽梁昌祿』格，其人的事業成就更大。命格為貴格，可為軍政首長之職。

七殺坐命『寅、申』宮的人，還有『武貪格』暴發運。在辰、戌年會爆發。軍人與商人都喜暴發，軍人可立戰功升職、富貴。商人能多賺錢財，因此皆吉。

七殺在『卯、酉』入命宮

七殺在『卯、酉』宮入命宮時，必與武曲星同宮，請參看《武曲在『卯、酉』入命宮》的部份。

七殺在『辰、戌』入命宮

七殺在『辰、戌』宮入命宮時，為居廟獨坐。對宮有廉貞、天府相照。主其人必須運用智謀及外交手腕歷艱辛才能努力成功。其人性格頑固，生性小氣吝嗇。甲年生有廉貞化祿相照命宮的人，財祿多一點。丙年生有廉貞化忌相照命宮的人，比較不順，有官非災禍產生，中年以後也會有身體欠佳的狀況。

七殺坐命『辰、戌』宮的人，其兄弟宮與僕役宮這一組對照的官位中若有文昌、祿星進入時，亦會有主貴的『陽梁昌祿』格，一生的命格較高。否則也只為平常之薪水階級。

七殺坐命『辰、戌』宮的人，若財帛宮與福德宮有火星、鈴星出現，與財帛宮中之貪狼星形『火貪格』或『鈴貪格』，亦有偏財運與暴發運，可多得錢財。

七殺辰、戌宮的人，父母宮為天機陷落，有父母不全或父母緣淺，由他人養大之現象。命坐戌宮的人，本身健康亦會發生問題，需要小心。

七殺在『巳、亥』入命宮

七殺在『巳、亥』宮入命宮時，必與紫微星同宮，請參看《紫微在『巳、亥』入命宮》的部份。

破軍星入命宮

破軍星為北斗第七顆星，屬水，屬陰。化氣為耗，稱耗星。主禍福，司夫妻、子女、奴僕。在數為殺氣，不利六親。

破軍坐命，主性剛，奸滑不仁，與人寡合，凶暴果斷，助惡不助善，視六親如仇，狂傲多疑，好博禽捕獵，待骨肉無仁義。

破軍惟有天府能制其惡，祿存能解其狂，喜遇紫微而主權威。逢天府雖主富但內心奸詐。與廉貞囚星和火鈴同宮或相照時，會有官禍、牢獄之災。與天刑、化忌同宮或相照，則會有殘疾之苦。與武曲同宮，一生漂泊孤剋。破軍與文昌、文曲同宮或相照時，主貧寒。縱然在子、午宮居廟地之位遇之，也同樣是外表華麗而內虛貧窮，且有水厄（死於水裡）。

破軍處於命宮或身宮時，皆有棄祖離宗，骨肉分離之象，刑剋極重。破軍遇天空、地劫，主辛勞倍至，萬事皆空。破軍若與羊陀、火鈴同宮或照會，主事業波折起伏多，是非爭鬥多不順。

破軍坐命的人，多幹勁十足，喜歡創業，做事先破後成，人生中的轉變較多，為開創格局的人。其人好勝心強，性格善變，反覆不定，敢愛敢恨，會記恨，有報復心態。言詞容易得罪人，但也容易道歉，有時不重原則。破軍坐命的人，居廟地的人為五短身材，胖胖壯壯的，臉寬口大，某些人唇厚，腰背粗壯，有時腰背有傾斜狀況。破軍居陷地坐命的人，則瘦高，有破相或麻臉，臉上有凹洞的現象，為人奸滑凶暴。女命破軍居陷，則為漂泊淫蕩之命，亦主刑剋。

破軍在『子、午』入命宮

破軍在『子、午』宮入命宮時為獨坐居廟地，對宮有廉貞、天相相照命宮，主其人有衝勁、有幹勁，態度還算謹慎保守，能在一定的專業領域中奮鬥。其人有經濟頭腦，喜歡賺錢，人生為大起大落型，若無煞星照合，可做公司負責人，事業會有一定的成就。甲年生的人有破軍化權在命宮，更有廉貞化祿來相照。癸年生的人，命宮有破軍化祿和祿存同宮，不會煞星，此為『英星入廟』格，可做政府高官、位列上品。

破軍坐命『子、午』宮的人，在『兄、疾、田』這一組三合宮位中，若有文昌及祿星進入時，會有『陽梁昌祿』格，會因學歷高而登高位。破軍坐命『午』宮的人，比坐命『子』宮的人為佳，因太陽星、太陰星皆在旺位。而破軍坐命『子』宮的人有『日月反背』的格局，一生運程會稍遜。此命為地位高、名聲響亮之寒儒。

破軍坐命『子、午』宮的人，還有『武貪格』存在於官祿宮和夫妻宮相對照的這一組星曜中，己年生的人有武曲化祿和貪狼化權是暴發運最強的人了。『武貪格』最忌有羊陀、化忌、劫空沖破，即為破格。會有不發或發得較小而有是非麻煩相隨的問題。

破軍坐命『子、午』宮的人，亦最忌文昌、文曲來同宮或照會，其人雖會有好的氣質外表，但為貧士，亦主辛勞，漂泊、孤寂。且有水厄。破軍與擎羊、天空、地劫同宮坐命的人，為平凡之輩，且主貧困、奔波。

破軍在『丑、未』入命宮

破軍在『丑、未』宮入命宮時，必與紫微星同宮，請參看《紫微在『丑、未』入命宮》的部份。

破軍在『寅、申』入命宮

破軍在『寅、申』宮入命宮時，為獨坐居得地剛合格之位。對宮有武曲、天相相照。受其影響很深。主其人有堅強的個性，主觀很強烈，不願意接受別人意見。好勝心強，亦好鬥，不易與人相處。並且性格耿直，容易得罪人。但又喜歡幫助別人，一生常在反覆之間，出外發展會較好。此命適合做公務員。

破軍坐命『寅、申』宮的人，甲年生有破軍化權、祿存在命宮，己年生的人有武曲化祿相照命宮、貪狼化權在官祿宮。庚年生的人有武曲化權和祿存照守命宮，這些人都是財官雙美格局的人。

破軍坐命『寅、申』宮的人，其疾厄宮與父母宮這一組星曜中，若有文昌、祿星進入，其人會有『陽梁昌祿』格，會有高學歷及走官途的運勢。

破軍坐命『寅、申』宮的人，若其夫妻宮、官祿宮中有火星、鈴星進入時，會有暴發運格，在事業上會暴發旺運，在錢財上亦能發大財。

破軍坐命『寅、申』宮的人，是所有破軍坐命的人之中，配偶運最好的了，夫妻宮為紫微，有妻賢、夫榮的佳運，雖然配偶的統治慾望大一點，但也能白首偕老。

破軍坐命『寅、申』宮的人，也忌諱有文昌、文曲來會照或同宮，其人雖會有端莊、氣派、文質的外表，人緣較好，但主一生不富裕，因此只是一個空殼子罷了。

破軍坐命『寅、申』宮，遇火、鈴同宮，主勞碌奔波，與羊陀同宮主殘疾。與祿存、天馬同宮，主一生漂泊，好享受。女命破軍坐命『申』宮遇煞時，易墮風塵。

破軍在『卯、酉』入命宮

破軍在『卯、酉』宮入命宮時，必與廉貞星同宮，請參看《廉貞在『卯、酉』入命宮》的部份。

破軍在『辰、戌』入命宮

破軍在『辰、戌』入命宮時，為獨坐居旺。對宮有紫微、天相相照。辰、戌宮為天羅地網宮，破軍受其限制，但急欲掙脫，對宮為紫微帶給破軍力量，化煞為權，天相為印星，亦來相助。

因此破軍坐命『辰、戌』宮的人，是對權力慾望極大的人。此命格從武職最好，做政治人物亦能適得其所。做文職反倒是無用武之地。

破軍坐命『辰、戌』宮的人，甲年生有破軍化權在命宮，壬年生有紫微化權相照命宮，癸年生有破軍化祿在命宮的人，都主事業有成。而在其『兄、疾、田』這一組三合宮位中有文昌、祿星進入時，會有『陽梁昌祿』格，有高學歷，更有高官進陞的機會。而破軍坐命『辰、戌』宮的人多半會以專業性的技能而掌權。命宮中若有火星、鈴星同宮時，主其人多勞碌，且易加入官非鬥爭之中。命宮中有擎羊、陀羅的人，主有殘疾現象。若有文昌、文曲相照時，主其人有文學、藝術等嗜好，但有一生不富裕之境況。

破軍坐命的人，都有破相，牙齒不整齊，身體上有傷痕，以及有多次開刀手術的情況，流年行運『破軍運』，也易開刀或做美容整型手術。

破軍在『巳、亥』入命宮

破軍在『巳、亥』宮入命宮時，必與武曲星同宮，請參看《武曲在『巳、亥』入命宮》的部份。

祿存星入命宮

祿存為北斗第三顆星，屬土、屬陰，主爵祿，掌壽基之宿，有解厄制化的功能。祿存是吉星，與任何星曜無相剋狀況，在命盤十二宮亦無弱旺之分。須看其同宮的主星為何，主星居旺，則祿存乘旺。主星陷落亦以落陷論。此乃錦上添花之星。最忌祿存單星居命宮之中，因祿前有擎羊、祿後有陀羅，定會為『羊陀相夾』，一生會孤獨刑剋，受制於人，遭人欺侮，也容易成為做人養子之命。

祿存單星坐命的人，小圓臉或長方臉，身材微高較瘦。相照之星居陷時，其人形態孤寒，有痲臉或傷殘、破相的現象，其人為孤獨、吝嗇的『守財奴』，為人較刻薄。

祿存單星坐命，相照之星曜居吉居旺時，其人有耿直穩重的性格，為人聰明、老實、固執而善良。

祿存坐命的人，一生衣食不缺，但終生勞碌，喜歡為事業忙碌而求財，精神上較空虛，有不合群的現象，祿存星須要強有力的主星趨吉配合才能為福，煞多時不吉。

祿存喜與化祿同宮，稱『雙祿交流』或『祿合鴛鴦』格，主富貴。祿存與化祿在三合宮位中照合者，稱『雙祿朝垣』格，亦主富貴富足。祿存與天馬同宮不加殺星者，稱之為『祿馬交馳』，遠方求財掌大權，財官雙美。若與文曲同宮，加會文昌的人，稱之為『祿文拱命』，主富貴同高，有官格。

祿存坐命的人，不喜落空亡，主福薄，『財祿逢空』。亦不喜與化忌同宮或照會，會形成『羊陀夾忌』之惡格，流年不利會惡死。祿存最怕化忌、劫空、羊陀等星，逢到稱為『祿逢沖破』，大凶。

凡祿存坐命的人，幼年不好養，體弱多病，幼年坎坷，六親緣薄之命。祿存坐命，亦為財星坐命，此命為『自有財』，必須自己不停勞碌打拚賺取的財。祿存坐命的人性格膽小，因受羊陀相夾之故。有桃花星同宮或照會的人，會有感情困擾。

六吉星入命宮

六吉星為文昌、文曲、左輔、右弼、天魁、天鉞。當六吉星入命宮為主星時，而沒有其他的甲級正曜，我們稱之為空宮坐命的人。因此六吉星坐命的人，皆是空宮坐命的人。

當六吉星坐命時，必先考其對宮主星旺弱吉凶，以及其影響，相互間之關係而定奪。六吉星對於人生中主貴、主富的格局都有相當程度的幫助，有錦上添花之妙。

六吉星屬於較文弱的星曜，對於煞星，有時也助紂為虐，如七殺、擎羊逢左輔、右弼時，即助惡、不助善。因此在性格上沒有特別強勢的作用，只是輔星而已。

天魁、天鉞皆為長輩貴人。天魁為長輩陽性貴人，是男性的、比自己年長、父執輩的貴人。天鉞為長輩陰性貴人，是女性的、比自己年長、母系輩份的貴人。

凡六吉星（文昌、文曲、左輔、右弼、天魁、天鉞）皆忌羊、陀、火、鈴、化忌、劫、空來沖會，貴人運受損，無法造福。

貴人星多，貴人星出現，能助人一臂之力，更增添富貴榮華的錦繡前程，也能增加行運富貴的時間，使其加速。但是貴人星多，也可能遇難再呈祥的次數增多，必須要小心。

文昌星入命宮

文昌星為南斗第五星，為文魁之首，司科甲名聲，又稱文貴。文昌入命，主人眉目清秀，聰明溫和，做事正直，光明磊落。文昌居巳、酉、丑為入廟，申、子、辰為旺地，居亥、卯、未是利益居平之鄉，居寅、午、戌陷落。

文昌居旺坐命的人，再有吉星相照者，為文章蓋世，文功武略顯赫。其人有長圓形臉型，中高身材，先瘦後壯，眉目清秀、文質彬彬，有儒者風範。氣質好，聰明能幹，精於計算，多學多能，但心情較不穩定，起伏大，有吝嗇小氣的心性，也愛計較，性格剛直。單星坐命時，需看對宮相照之星以定心性，相照之星吉多，則性情善良、耿直、坦白、溫和。相照之星凶多或居陷，則文昌即使在旺地坐命，也多奸滑狡詐之輩，且有一生不順之現象。

文昌居陷坐命的人，又見凶星照合，主其人為舌辯之人，且具有巧藝維生之現象。並且有帶疾延年，臉上多斑痕。女命文昌居陷地，再會廉貞、火星、擎羊的人，為娼妓之命。如文昌坐命午宮，有同陰相照，三合四方處有廉貞、火星、擎羊相照合的人，其人美麗妖俏，易為娼妓。

文昌坐命，不適合女性，縱使入廟加吉星照會，雖富貴，但福不全，亦多身弱有暗疾、暗痔。

文昌坐命，喜金年生之人，如庚、辛年或猴年（申）、雞年（酉）生人。主先難後易，經過一翻挫折努力，中年至晚年會有名聲。

文昌坐命居旺的人，其人命宮四方三合處有太陽、天梁、祿存或化祿者，會有『陽梁昌祿』格，主其人讀書好、有學識，能參加國家考試，成為政府官員。此為『傳臚第一名』的格局。

文昌若與武曲星同宮於身、命宮中，主其人文武兼備、富貴大吉。若與貪狼同宮，主其人政事顛倒，是非黑白不分，容易有粉身碎骨之象。若與巨門同宮，則是非扭擰不清，容易玩物喪志。

文昌與破軍同宮於命宮，或在對宮相照者，主貧困，且有水厄，流年逢到勿近水邊，易溺斃。若與廉貞、七殺、擎羊、陀羅同宮的人，或相照者多的，其人多狡詐、偽善、言行不一。

凡有文昌化忌入命宮的人（辛年生的人），有思想混亂，精神不集中，聰明不努力，性格懶散，需注意契約、文件、支票、文書、文字、證件上的錯誤和信用問題。此人讀書能力差，辦事效率也差，計算能力不足，注意力無法集中，做事常出錯而無法改善。凡命理格局中有文昌化忌的人，流年、流月逢到也要注意上述問題。

文曲星入命宮

文曲星為北斗第四顆星，屬水，屬陰，司科甲、名聲、又名文華。

文曲喜與文昌同宮，再加逢太陽、天梁、祿星等，必為登科及第之常客。文昌、文曲同坐命宮（會在丑宮或未宮同宮），或相夾命宮的人，再有祿存坐命宮，是為『祿文拱命』格。主有文藝方面的傑出表現。

文曲星在巳、酉、丑宮為入廟，在申、子、辰宮為居得地之位，在亥、卯、未宮居旺，在寅居平，午、戌宮為陷弱。

凡文曲星單星坐命的人，都有小圓長臉，臉上有痣，中等略矮的身材，瘦型，性格孤僻，精明伶俐而善辯。文曲星居陷坐命，又逢煞星沖破的人，是便佞小人，善舌辯，不從正道，或言語惹人討厭，說話常出錯誤之人。

文曲星喜與武曲同宮，若與武曲、破軍同宮在巳、亥宮，主其人學識淵博，但貧窮，為一寒儒之士。文曲與武曲同宮於戌宮，可減少武曲的孤剋，而桃花也得以限制。

文曲單星坐命的人，桃花重，是為『桃花滾浪』格，若與貪狼同宮或相照，主政事顛倒是非不分。若與廉貞、貪狼同在『巳』、『亥』宮或在『巳』、『亥』相照的人，主淫亂不潔。文曲與廉貞同宮坐命的人，主要為公門胥吏（公家機關的文書職員）。文曲與巨門同宮坐命，主喪志、感情複雜。口才銳利、無所做為。文曲與太陰坐命於卯宮、辰宮者，為卜卦相命之士。文曲與破軍同宮坐命或相照的人，主口才伶俐，奔波辛勞，貧困一生，且有水厄。文曲與廉貞、七殺、擎羊、陀羅同宮坐命的人，主虛偽狡詐之徒。

凡文曲坐命的人，都有聰明、敏銳、精打細算、為桃花事件而破耗的特性。其人心情常反覆不定，拿不定主意。文曲居旺時，有口才、辯才、藝術、音樂性、旋律性、舞蹈方面的才藝，風流而文雅。文曲居陷時，上述才藝盡失，言行較粗，好淫而不雅。

文曲主異途功名，是文雅風騷之宿。因此文曲坐命的人，除非再有『陽梁昌祿』格，否則多半讀書不行，宜從其他的路子來主富貴。例如加入演藝圈、藝術創作、音樂、舞蹈。從武職也會做文職的工作。命宮中有陷落現象及文曲化忌時，口才不佳，常因言語、多話而惹是非，人緣也不好。

左輔星入命宮

左輔星，為北斗佐帝之助星，屬土，屬陽，在數主善，行善令。左輔坐命的人，臉長方圓型，性情溫和馴服，舉止端正、莊重、風流、慷慨、敦厚、肯上進，身型瀟灑。左輔坐命的人為空宮坐命的人，若要細推其人個性命程，須再觀命宮對宮相照的主星為何，才能定奪。相照的主星為吉星居旺，則其人穩重而能有所做為。對宮相照之星居陷又加煞，較不吉，其人也會奸詐不合群。左輔與紫微、天府、武曲、貪狼、化權、化祿四方三合照會的人主富貴。忌與廉貞、破軍、巨門同度，有夭亡、殘疾之象，官非災禍不斷。

左輔單星坐命的人，多離宗庶出，或由別人養大之人，與父母緣薄。其人感情豐富，如桃花星來相照者多的，婚姻不美，因夫妻感情不喜外人相助，會有離婚狀況，且有雙妻之命。左輔入夫妻宮亦然。

左輔逢吉星三合拱照為吉，若有羊、陀、火、給沖破，富貴不耐久。若與廉貞、七殺、擎羊同宮，主做盜賊，且易遭傷。左輔且不喜與殺、破、狼同宮，容易有感情問題，婚姻多波折不順。

左輔遇羊陀坐命的人，容易意氣用事，遭人利用、衝動、霸道不講理，一生也容易不順。女命左輔、廉貞、擎羊同在夫妻宮的人，容易被逼成婚，或遭強暴，婚姻不順。女命左輔與天同同宮，再加桃花星咸池、沐浴的人，會跟男人同居或做小老婆。左輔遇化科在命宮或相照命宮的人，會因桃花事件而出名，誹聞很多。

右弼星入命宮

右弼星為南斗佐帝之星，屬水，屬陰，在相主善福，司制令。

右弼單星坐命的人，臉型輪廓小，圓長型，有痣或斑痕。身材中等略矮瘦。其人性格耿直，有機謀，小心謹慎，肯幫助別人。表面隨和、異性緣好，為人忠厚，但有野心。內心是專制、剛強，只肯幫助自己認同的『自己人』。右弼坐命的女性，是膽小、害羞、孩子脾氣、喜歡佈置家庭、體貼老公、愛幻想的人。但其初戀多半不會成功，而內心永遠掛念著對方。

右弼單星坐命的人，也是被別人養大，與父母緣份薄，離宗庶出之人。本命也受命宮對宮主星的影響，對宮主星趨吉則吉，趨凶則凶。若逢紫微、天府、天相、文昌、文曲來照會，則為終生福厚之人。若有羊、陀、火、鈴沖破，則福薄而命不凶。

右弼坐命的人，非常熱心而雞婆。對於自己認同的人，幫助其人會很快速，很認真的去做。有極大的同情心和正義感，並有成人之美的美德。凡人在逢左輔、右弼為讀書運時，皆有補考、重考、中途輟學之現象，工作以後會變好。

右弼坐命或右弼在夫妻宮的人，縱然有吉星相照，也是會有感情困擾，容易同時出現兩個以上的情人，大、小限逢之有婚姻問題。主重婚或再婚。婚姻多波折。左、右逢四煞在田宅宮，或有左、右加化忌入田宅宮的人，容易遭劫，或遇盜竊宵小。

天魁星入命宮

天魁為南斗助星，屬火，屬陽。為天乙貴人，主科甲。又為上界和合之神，在數主貴。利白日生的人。

天魁單星坐命的人，有小圓臉，下巴短，身材矮瘦，文質彬彬，但心直口快、剛直，較不怕得罪人，凡事不喜歡隱瞞。亦喜歡管閒事，遇到麻煩的問題會躲避。其人外表威嚴，但為人設想週到，分析能力特強，說話也較有份量。凡事喜歡表現，事必躬親，一生較勞碌不停。

天魁坐命的人較陽剛，女命也較男性化。天魁坐命者對別人會給與實質的幫助，人緣好，為人清高，不會惹無謂的麻煩。其桃花成份比天鉞坐命的人少，其人性格溫和，一生命程偏向主貴、功名的追求、風雅的人生。

天魁坐命的人，屬於空宮坐命的人，因此要看對宮相照的主星為何？再定命程形式。例如天魁坐命丑、未宮，對宮有武貪相照的人，其性格則為天魁加武貪的性格了，而且受武貪的影響很深，因此有此命的人，必須參照武貪坐命的特性一同觀看才行。

天魁在『命、財、官』限內為貴人，在『陽梁昌祿』格出現時為貴人。在『機月同梁』格所在的宮位為貴人。除此之外，在其他的宮位（閒宮）為犯小人。天魁坐命的人，即使有煞星沖破，亦能以教書為業。

天鉞星入命宮

天鉞星為南斗助星，屬火，屬陰。為玉堂貴人，主科甲。又為上界和合之神，在數主貴，利夜生的人。

天鉞單星坐命的人，有小方形臉，下巴短，身材矮瘦，頭腦聰明，外表秀麗，性情溫和慈緩，臉上有痣，喜歡暗中幫助別人。富有充沛的同情心，較不會拒絕別人。

天鉞坐命的人，桃花星，愛撒嬌，喜歡打扮，也愛孤芳自賞，很容易談戀愛，容易感情受傷。天鉞加紅鸞坐命的人，為『糊塗桃花』，容易陷入不正常的關係中。

天鉞坐命的人，不如天魁坐命的人有威嚴。他們也是不喜歡惹麻煩的人，但是桃花強，人緣太好，男命有女性化、娘娘腔的特徵。女命亦是氣質高雅，美麗多情，很容易落入愛情漩渦。一生的命程偏向風雅、高貴、表現、愛情的追求較多，而在功名的追求上較次之。

天鉞坐命的人，亦是空宮坐命的人，須要看對照的星曜來定命程形式。天鉞在『命、財、官』限內為貴人，亦主美事。在『陽梁昌祿』格與『機月同梁』格中都有輔助趨吉的助益，亦為貴人。除此之外在其他的閒宮，幫助不大。

在人的身命宮，若有天魁、天鉞二星來相夾或相拱，主其人有文章之美，且一生有貴人相助。從官職亦能高陞居要職高位。若逢煞星，化忌沖破的人，亦可從教職，一生平順。

六煞星入命宮

六煞星是指擎羊、陀羅、火星、鈴星、天空、地劫等六顆星。因此六顆星對人的命程造成刑剋、破壞、抵制等強烈的損害力量。他會對吉星抵制，對人性的善良造成破壞，對親屬緣份產生刑剋，對人的命運造成血光、破耗、不順、貧窮、孤獨、傷殘、死亡等現象。而這些都是我們不喜歡發生的事情，故稱此六星為煞星。

通常六煞星入命宮時，沒有制化的話，容易使人一生多波折，人性趨惡、思想混亂、奸詐、不合群、錢財耗損、功名不就、官非爭鬥。

但是即使是煞星也有其有用的一面。例如擎羊、陀羅能化煞為權，利武職，能橫立功名。火星、鈴星能助人暴發偏財運。天空、地劫對桃花有制衡作用，使其匡正。並且羊、陀、火、鈴在衝激人生的積極面上有強而有力的作用，這只是端看我們如何去應用罷了。但是我們依然不能忽略了煞星為害的本性，必須時時提防才可。

擎羊星入命宮

擎羊星為北斗助星，屬金，屬陽。化氣為刑，在數主凶厄。又名天壽。擎羊單星坐命的人，有『羊』字型臉，下巴尖長，有破相、傷痕在頭面。中高身材，入廟旺者為胖壯型。擎羊居陷者瘦小，多眇目、痲臉。其人性格為剛暴，凶猛，性果決，有機謀，掌權威。但奸滑不仁，粗暴狡詐。廟旺者為橫立功名之人。陷落者為宵小鼠輩。

擎羊星亦稱羊刃星。喜西北生人。在辰、戌、丑、未年生的人，又立命在辰、戌、丑、未宮的人主福，會掌大權。主貴，可橫立功名。若命宮居四敗地子、午、卯、酉為陷落，是刑剋極重之人，多為喪葬墓地討生活之人、或盜竊之輩。以酉宮坐命者最凶，會凶死橫夭。而卯宮次之。居子、午宮，有吉星可解。擎羊不會出現在寅、申、巳、亥宮。

擎羊單星坐命的人，雖也須觀看對宮相照之主星吉凶來斷人之性格、命程。但擎羊星是性質強勢的星曜，因此凡是擎羊單星坐命的人都有性格剛強、霸道、多疑、不講理，易衝動、固執、愛計較、敢愛敢恨、記恨、報復心強等特性。其人的心思很敏感，容易感情用事，和由愛生恨，做事快速快決，恩怨分明，不喜歡拖拖拉拉。也不喜受人幫助，一切靠自己來做。

擎羊坐命的人，有神經質的毛病，也容易頭痛或生頭部病變。他們也容易對感情問題多計較，感情問題很複雜，產生的波折也多。對親友、家人、愛人的感情都會計較。大多數情殺案的兇手，命宮中都有這顆擎羊星。

擎羊主外傷、血光。擎羊屬金，因此刀傷、金屬傷害、車禍等的傷害全屬此列。有擎羊在大、小限內，宜注意開刀、車禍的問題。

擎羊坐命在辰、戌、丑、未宮入廟的人，適合做外科醫生、獸醫、執法人員、監獄管理、屠宰業、刀槍、彈藥製作業、兵工廠等工作。

擎羊在『午』宮坐命有天同、太陰在對宮相照的人，為『馬頭帶箭』格，在沙場上能橫立功名，其人個子不高，威武有殺氣，可因戰功彪炳而做將軍。

擎羊與太陽同宮者，女命主剋夫，眼目有疾、頭痛。男命主剋妻，凡事不順。兩者皆於流年逢之有心情鬱悶而自殺之象。擎羊與文昌、文曲同宮主生暗痣，多斑痕，腦神經有毛病，神經質嚴重。羊、陀、火、鈴四星同宮坐命主彎腰駝背，一生貧賤。擎羊與廉貞、巨門、火星同宮，主傷殘。相照時主官非爭鬥。

陀羅星入命宮

陀羅星為北斗助星，屬金，屬陰。化氣為忌星，主是非，為暗箭。亦主刑剋、凶厄。

陀羅單星坐命的人，有橫寬圓方型的臉頰，居廟時人胖大，居陷時，人瘦小。身材屬中等，臉有破相，唇齒有傷。型態粗魯。其人幼年多災，骨骼有意外傷害。性格頑固，多是非，不服輸，容易遭騙，喜歡相信剛認識的人，而不願相信自家的親人。一生波折多，奔波勞碌，心境不清靜，會有長期精神上的自我折磨。必須背井離鄉，在家中多是非，離鄉才會有發展。

陀羅單星在命宮或身宮的人，都有棄祖離鄉、孤單之狀。也多會入贅妻家，有改姓及具有特殊手藝而維生的現象。陀羅坐命的人，不宜久居出生地，恐遭惡死。

陀羅坐命者，女命不佳，為外虛內狠，六親不和，且無廉恥之心的人，並且有凌夫剋子之象。

陀羅以辰、戌、丑、未為居廟地。以寅、申、巳、亥為居陷弱之地，不會出現在子、午、卯、酉宮。陀羅喜西北生人，在辰、戌、丑、未年生的人，又命坐辰、戌、丑、未宮的人稍有福氣，武職能橫發，做文人不耐久。

陀羅居陷坐命時，為心術不正，凡事怠惰，做事不長久，漂泊不定，多從事喪葬墓地、卑賤的工作，亦會為盜竊之輩，有傷殘現象。若再逢巨門、七殺相照，主傷妻剋子、背六親，傷殘帶疾，貧困無依。陀羅與破軍同宮或相照者，主求乞為生。

陀羅與廉貞、貪狼同宮坐命於亥宮的人，為『風流彩杖』格，多淫好色，男三娶，女三嫁，亦會因酒色成疾得病。

陀羅與天馬在命宮，為『折足馬』，一生漂蕩不順、貧困。

陀羅在命宮或夫妻宮的人，感情波折大，為情所苦，常被人嫌來嫌去，或臨時退婚。流年逢陀羅，亦有延遲婚期或解除婚約之現象。

火星入命宮

火星為南斗助星，屬火，屬陽。在數主凶厄，又稱大殺神。

火星單星坐命的人，有長圓形臉，中等身材。火星居旺坐命的人，身體略壯。火星居陷坐命的人為矮瘦型，臉上有麻臉、破相、毛髮偏枯黃或紅色。皮膚色為火星居旺坐命的人為古銅色，紅紅的，有健康美。火星居陷坐命的人，皮膚色為青白色。

凡火星坐命的人，為空宮坐命的人，需看對宮相照主星的吉凶，以定命局好壞。但火星坐命的人都有以下特質：其人性格剛暴激烈，脾氣快發快過，好爭強鬥狠，愛辯論，行動快速，做事有頭無尾，態度急躁不安，一刻也靜不下來。

火星坐命的人，大利東南方生的人，不利西北生之人。火星若處於身、命宮或相照，必有刑剋。火星以寅、午、戌為入廟，以巳、酉、丑為得地之位，以亥、卯、未宮居平位，以申、子、辰為陷弱之地。女命居陷弱之地坐命者，尤凶，有外虛內狠，傷夫剋子，淫邪是非之象，一生不順。

火星最喜會貪狼於旺宮，得貪狼可解火星之惡，坐午、戌宮最佳。形成『火貪格』暴發運，做武職（軍警類）或行商，皆能有異軍突起之運勢，富貴不少。火星獨坐財帛宮，亦有暴發運、偏財運。火星之財，來得快也去得快，『暴起暴落』的情況很嚴重。

火星坐命的人，最忌有羊陀同宮或相會，主幼年多災，難養，只宜離祖過繼，二姓延生。火星也最忌陷落，則為心術不正，盜竊之輩，一生是非下賤，官非爭鬥，勞碌不停，貧困。

火星入命的人，都有皮膚病、青春痘很嚴重、目疾的毛病。也易火傷、燙傷。尤其是火六局入命及田宅宮有火星的人，一定要注意火災傷亡的事故。火星坐命的人，也易有發高燒的病症。

鈴星入命宮

鈴星為南斗助星，屬火，屬陰。在數主凶厄，又號殺星。

鈴星與火星相同，為大殺將。在十二宮皆不利。東南方生的人，主伶俐，機謀，有急智，反應快，聰明，頭腦高過火星坐命的人，西北方生的人不利，有刑剋。不論入命、身宮及六親宮位皆主刑剋。

鈴星單星坐命的人，為空宮坐命的人，需看對宮相照的主星以定命程吉凶。但鈴星坐命的人，都有下列特質：臉面輪廓古怪，臉小，青黃暗黑，頦骨成多角形，中等身材瘦型。西北方生人（命宮居陷者）身材矮瘦，且有破相、痲臉的狀況。命宮中有羊陀同宮或照會的人，形貌不清，傷殘或臉上長肉瘤等。破相可延年。鈴星坐命若有煞多相照，而無吉星者，會因破相、癲狂之症、被遺棄，或被他人收養。

鈴星以寅、午、戌宮為入廟，以申、子、辰宮為陷地。巳、酉、丑宮為得地。卯、亥、未宮為居平。女命陷地無吉照者，不貞潔，對六親無義、刑夫剋子，有貧困下賤之相。須照會貪狼，或與貪狼同宮可解。

鈴星與貪狼同宮或照會者，形成『鈴貪格』。其暴發運比『火貪』格還強，偏財運來去都很快。鈴星獨坐命宮與財帛宮的人，亦有偏財運。鈴星坐命的人，頭腦都很好，記憶力特強，但是不用到正途。其人好爭鬥，多惹禍端，不耐靜，身體常發炎。做事也常後悔，情緒常突變，也常有意想不到的災禍。

天空星入命宮

天空星為上天空亡之星，屬火，屬陰，化氣為空亡，在數管命主、身主之宿，主多災，破財，虛空。

經曰：『駕前一位是天空，身命原來不可逢，二主祿存若逢此，閻王不怕你英雄。』

此即是在生年太歲前一位安天空星。身宮、命宮逢之不吉。此命乃孤寡僧道之命。二主即『身主』和『命主』。身主與命主若與天空星同宮或相照會的人，多夭折之命，甚不吉。而祿存星與天空星同宮或照會的人，財運似有若無，也不算吉。

凡天空單星坐命的人，無論對宮相照之主星是吉、是凶？命皆不強，其外貌有面貌不清、瘦弱之相。其人多幻想，有特殊靈感，頭腦聰明，想法和常人不一樣，做事多成敗虛空。有時也不按常理行事。也會有不行正道，做人疏狂的舉動。

天空坐命『酉』宮，而有太陽、天梁在卯宮來相照的人，為『萬里無雲』的貴格，一生品德節操皆高超，不為俗輩，有聖人的品格。但一生也囊空如洗。

天空星有一特性：逢吉不吉，逢煞不惡。天空坐命的人雖不畏煞星的侵臨，亦可減輕羊、陀、火、鈴的凶性，使之放空。

但是天空星逢化忌在命宮，又有羊陀相夾時，為『半空折翅』格局，其禍非輕，有中途夭亡的情形。此狀況尤其在『巳』、『亥』宮最易見到。命宮中有天空星的人，稱之為『命裡逢空』格，一生虛空耗敗。

地劫星入命宮

地劫星乃上天劫殺之神，亦主虛耗，空亡。此星又名斷橋煞。屬火，屬陽。地劫單星坐命的人，亦須觀看對宮相照主星的吉凶以定命程。地劫單星坐命的人，有『申』字形臉型。額頭窄、下巴短小。若有吉星相照的人，主矮胖。若有凶煞之星相照的人，主枯瘦。地劫乃孤獨漂泊之宿，故其人性格孤僻，情緒不穩定，好幻想，愛變動，喜歡標新立異。一生性格頑劣，固執，不合群，是非多，且喜怒無常。此命特別是坐命『巳』、『亥』宮有廉貪相照的人，最明顯。

地劫坐命的人，靈感好，適合做寫作、畫家、詩人、科學研究。但一生錢財多損耗，為人又吝嗇，錢只花在自己身上，開銷大，常入不敷出。或因交上壞朋友，帶來破敗、耗損。

命宮中有地劫星的人，稱之為『命理逢劫』格，主破財刑傷，一生如浪理行船，起伏甚大，多不順，錢財耗敗，有貧窮困苦之境遇。女命中有劫空入命的人，感情波折多，宜晚婚。女子流年逢子女宮、田宅宮為劫空者，須小心流產問題。

地劫星為惡運劫入，屬於物質方面的耗敗。有外來影響造成的損害。天空為內在的、精神方面的虛空。因此有空、劫在命宮的人，有正派宗教信仰可平衡其內心。命宮中有空、劫的人也適合做買空賣空的生意，如股票、期貨、房地產仲介等等。

四化星入命宮

四化星即化權、化祿、化科、化忌。而以化權、化祿、化科為化吉之宿，以化忌為化凶之宿。

凡化吉之宿，必先看其主星是否居旺？主星居旺者，其吉度也大。主星陷弱，是發了也成虛花不實之象。

若人身宮、命宮，有化權、化祿、化科在三合處相照會的人，或有祿存來拱照，是人生格局中第一等命格的人。若有煞星沖破只是稍吉，人生亦有起伏。大、小運逢化吉之星，則富貴滿盈。大、小限逢化凶、化忌之星，則是非，災厄頻仍。

化吉之星對人生主貴的格局如『陽梁昌祿』格有加強、加速的趨勢。對『暴發運』格如『武貪格』、『火貪』格、『鈴貪』格也有強力的推波助瀾的效果，使其發得更大、更旺、更快速直接。而對於『機月同梁』格，有輔助增強的作用，可使其人在做事能力與聰明才智上更上層樓。

化忌星則對人之命程、運程，有否定作用，多製造是非、混亂、血光、官非、災禍，且對前述好運格局產生破格作用，實乃不吉。

化權星入命宮

化權星屬木，屬陽。主權勢，掌生殺大權，主吉。

命宮中若有主星居廟位化權的人，主其人做事謹慎，重倫理，有貴人相助，但性格頑固，有權威，受人尊敬。君子人嫌其冥然不靈，小人畏其正直、有霸權。若主星居陷化權的人，則真正是冥頑不靈的人，固執、性情乖張，言語乏味，有時不通情理。煞星加化權坐命宮的人，如破軍化權、貪狼化權坐命的人，都有強勢作風，有雙倍化殺為權的能力，常自信心太過，做事愛衝，不會為人著想。

化權喜與巨門、武曲同宮、主掌兵符，或為國會議員，主掌國家大事。命宮中有化權星，三合宮位中有化祿、化科來會照的人，主財官雙美，不可一世。化權不宜與羊、陀、天刑、耗星、空劫、化忌等同宮或照會，主有官災貶調，不吉之事。

化權星須觀看其年干及五行，才能斷定其強弱有力。

甲年生有破軍化權入命宮

破軍為征戰之星，喜打拚爭鬥，有化權來同宮，主其人有強勢的領導能力，做事一定有成就。但是破軍耗星，必定產生破耗。因此有破軍化權在命宮的人，只宜從事開發、打先鋒、經銷、佈局等工作，不宜做金融、會計、生意等事業，否則依然有敗局。

破軍化權在子、午宮：為獨坐。對宮有廉貞化祿、天相相照，主其人會一心一意的開發事業，並可得到好成果。但有文昌、文曲同宮時，為從文職、勞碌，固執而賺不到錢。

破軍化權在丑、未宮：與紫微同宮，主其人能掌握更大的權利，敢衝肯幹，事業有發展。但有浪費的傾向。

破軍化權在寅、申宮：此宮位破軍不強，居得地之位，對宮有武曲化科、天相相照，因此化權可彌補其人向上進取的力量，容易在銀行、金融界，財多處做薪水族。

破軍化權在卯、酉宮：與廉貞化祿同宮，二星俱陷落，化權、化祿力道不強，主其人固執、辛勞、宜擔任財經主管，或做民意代表審核經費但不可經商或親自理財。

破軍化權在辰、戌宮：為獨坐居旺，破軍化權可脫離『天羅地網』的限制，衝破樊籠，而有成就，在此二宮利武職或競爭性強烈之工作。

破軍化權在巳、亥宮：與武曲化科同宮，皆居平陷之位。此命格只宜任軍警武職中管理財務、軍需之主管，不宜做他職，否則一生成敗多端。

乙年生有天梁化權入命宮

天梁為蔭星、貴人星，有遇難呈祥的力量，天梁也有遭遇災難而復建的力量。化權星能使其趨吉的力量加速，亦能掌握大權，但是天梁解厄的力量是在人必須先遇難才解厄的，因此有天梁入命的人，必先苦而後甜。

天梁化權在子、午宮：為獨坐居廟旺，故天梁化權特別有力。再加上對宮的太陽星若亦居旺的話，掌權從官職，步步高陞，十拿九穩。

天梁化權在丑、未宮：為獨坐居旺，對宮有落陷的天機。此為天梁遇難呈祥的標準模式，天梁化權能使解厄趨吉的力量加速。在事業上亦能掌權。

天梁化權在寅、申宮：會與天同星同宮，主其人性格固執，有強烈的宗教信仰，喜主導別人的生活，在事業上和感情問題上有困擾不順的情形。

天梁化權在卯、酉宮：會與太陽同宮。利於讀書、研究。做公職和參加考試。

天梁化權在卯宮大吉，因又有祿存同宮，再有文昌星，可形成『陽梁昌祿』格，可參加國家考試而做政府官員，有貴格。其人一生的吉運也較多，能掌權和增強考試力量。天梁化權在酉宮，其境況較遜，主遇難呈祥有力量。稍可增加『貴人運』。

天梁化權在辰、戌宮：會與天機化祿同宮，因天機在辰、戌居平，又具有變動的性質，故為財務不穩定，而天梁化權可增其趨吉的力量，但仍會為錢煩惱。

天梁化權在巳、亥宮：天梁在巳、亥宮為居陷位獨坐，對宮有居廟地的天同相照。天梁化權會多增固執、頑固、不合作之心，以及在宗教上的虔誠力量而意志堅定。但此命為東奔西跑，奔波操勞之命。女命亦多感情波折。

丙年生有天機化權入命宮

天機為機巧，善變之星，主聰明、伶俐，但性浮動、不穩定。天機化權入命宮的人，主其人有聰明才智，善交際，是有機謀、籌劃能力，也可增加其人的領導能力。但天機有浮動的性格，善變。因此天機居旺加化權，能使人在變動中得權勢。而天機居陷化權時，只有令人份外忙碌而已，掌權及領導能力仍不佳。

天機化權在子、午宮：天機化權為獨坐居廟，對宮有居旺的巨門星相照。可使人在變動與是非混亂中掌有權威，並能增加辦事能力。但有是非、口舌相擾，利於從事政治活動，參加選舉等事。

天機化權在丑、未宮：天機化權在丑、未宮為獨坐居陷位化權。對宮有居旺的天梁相照。主歷經凶厄，力挽狂瀾，最後得貴人相助，辛苦有成。天機化權在丑、未宮時，是機會、能力不佳，仍要強行管事，結果是情況更差。

天機化權在寅、申宮：與太陰同宮。此時天機的力道不強。天機化權與太陰在寅宮，有助事業的向上趨吉作用。於變動中掌有財利之權。而二星同在『申』宮者不佳。財星陷弱，化權亦不力，變動中有日趨下墜的趨勢。

天機化權在卯、酉宮：與巨門同宮，二星同在旺位，為『機巨同宮』，在卯宮主有強勢的領導能力，做武職佳，可為領袖人物。一般人亦可在變動與是非混亂中強出頭。從公職、學術亦能為一方霸主。

天機化權在辰、戌宮：與天梁同宮。天機在辰、戌宮居平，天梁居旺，此為『機月同梁』格，宜做薪水階級、公務員。此命格常因自做聰明而誤事。領導能力仍不佳，做幕僚人員可出頭。

天機化權在巳、亥宮：為居平獨坐，對宮有太陰星。天機化權在巳、亥宮較無力，但巳宮比亥宮佳。因對宮太陰居旺相照，在變動中可增財利。亥宮則愈變愈不利。

丁年生有天同化權入命宮

天同為福星，加化權，有自然擁有權威的趨吉力量，也有天生賦與的開創的力量，使其人能力求上進，並在機緣變化中得到如『黃袍加身』等好運，而掌有領導的權威。女命可掌有權勢而享福。

天同化權在子、午宮：與太陰化祿同宮，在子宮較佳，權祿相逢，同陰在子又稱『水澄桂萼』之格局，可在政府機關任要職，若兼有『陽梁昌祿』格，位居極品。居午宮，亦可增事業之表現，但天同居陷化權加太陰居平化祿，財富比子宮少很多。成就也不如子宮大。若有擎羊在午宮獨坐，對宮有天同化權、太陰化祿，可為『馬頭帶箭』格的極品，位高權大，武職崢嶸，可為國家軍事將領。

天同化權在丑、未宮：與巨門化忌同宮。此時天同、巨門俱陷落，使天同福星化權無法展開力量。且權忌相逢，以雙忌論。其人一生是非、勞碌，但性格頑固、喜歡享福，喜歡指使別人做事，自己奔波而事業成就不彰。

天同化權在寅、申宮：與天梁同宮在寅宮，主操勞不斷、頑固，有一點點好運。在申宮，主其人喜歡玩樂享福，一生愛奔波忙碌，好管閒事，不喜歡回家，說話吹噓不實。感情多困擾，桃花問題多。

天同化權在卯、酉宮：為獨坐居平。其對宮有太陰化祿相照。天同化權坐命『卯』宮者較佳，對照的太陰化祿居旺，一生的事業會在穩定中求發展。坐命『酉』宮者，有先勤後惰之現象，財不多，人又固執、不開化。

天同化權在辰、戌宮：為居平獨坐，其對宮有居陷的巨門化忌相照。主其人一生內心固執、是非多，辛勞奔波。但從公職或學術研究會有發展。此人有貴人運相助得財。

天同化權在巳、亥宮：獨坐居旺，對宮有陷落的天梁相激。主其人一生多變化，但一切靠自己，可因禍得福，可掌有領導能力使事業發達。此命宜在是非多的地方及機緣變化中發揮化權作用，因而得福。此為有『黃袍加身』等好運機會的命格。

戊年生有太陰化權入命宮

太陰為財星，亦屬陰性。故太陰化權，可主掌財富，亦為女性有領導能力。並且在感情問題上具強勢的處理力量。

太陰化權在子、午宮：與天同同宮。以『子』宮較強勢。主其人得財多，在經濟問題上有主導權，在感情問題亦佔優勢。男命有駕馭女性之權威。女命有說服同性之優勢，辦事能力佳。

太陰化權在丑、未宮：與太陽同宮。以在丑宮太陰居旺化權為妙。在未宮陷落化權為無力。在丑宮時，對女性有影響力，在男人團體中較失利。此命局主富不主貴。能掌經濟大權。在『未』宮時，太陰化權較無力，感情困擾多、固執，容易心神不寧，掌握錢財的力量也不足。

太陰化權在寅、申宮：與天機化忌同宮。權忌相逢，以雙忌論。此命格常因事物的變動而產生破耗、災禍。太陰化權在『寅』宮居旺，因此錢財尚無問題，問題出在感情與事業的變化方面。而太陰化權在『申』宮時居陷，事業多變，財運不濟，一切不順，內心有強烈慾望要掌財，掌握感情，但實際情況不允許，是非糾葛多，更為困難。

太陰化權在卯、酉宮：為獨坐。對宮有居平的天同來相照。太陰化權在『酉』宮較好，居旺，可在事業上有表現。太陰化權在『卯』宮，感情不順，晚婚，金錢運亦不順，徒有固執的面貌。

太陰化權在辰、戌宮：為獨坐。對宮有太陽星相照。太陰化權居戌宮時居旺較佳，其對宮之太陽也居旺相照，能掌控事業、感情、財運俱佳。太陰化權居辰宮，為『日月反背』的格局，有財來財去，財不多之現象，感情也不順。

太陰化權在巳、亥宮：為獨坐，對宮有居平的天機化忌。太陰化權在『亥』宮為美，可增加財祿，且對女性有影響力。桃花緣份較佳，事業成就大。太陰化權在『巳』宮，因落陷的關係，財運不佳，兼有對宮居平的天機化忌的影響，愈變動愈有是非災禍，此時的太陰化權力量不足，對財運沒有幫助，感情困擾明顯。

己年生有貪狼化權入命宮

貪狼為桃花星，好爭、善妒，佔有慾強。貪狼化權在人緣關係和好運機會上掌有關鑑性的趨吉力量。貪狼亦主偏財，故在暴發運、偏財運上亦能有加速暴發與增強暴發的力量。

貪狼化權在子、午宮：為獨坐居旺，對宮有紫微相照，主其人在人緣外交及好運機會上有競爭力，能掌握關鑑時刻，使其人事業成功，達到顛峰。此格宜做文職，會有文名。

貪狼化權在丑、未宮：與武曲化祿同宮，兩星俱居旺位，具有『武貪格』暴發運極強勢的暴發作用，可多得財富或掌兵權。此格宜做武職，或生意人，其人多才多藝，性格堅定，因此對暴發財富與增貴有極大的助力。

貪狼化權在寅、申宮：貪狼在寅、申居平獨坐。對宮有居廟的廉貞相照。貪狼化權能助其運用智慧、計劃與人緣關係而得利，並且可依靠配偶的力量而得財。

貪狼化權在卯、酉宮：與紫微同宮。貪狼化權在『酉』宮若再得火星、鈴星，主有『暴發格』而暴發錢財，事業亦會有成就。貪狼化權在『卯』宮的人，暴發錢財較少。貪狼化權在卯、酉二宮坐命的人，皆有主導桃花運的力量，並能得人尊敬。

貪狼化權在辰、戌宮：居廟獨坐。對宮有居廟的武曲化祿相照。此為『武貪格』。為具有暴發運、偏財運之旺格。一生有多次暴發運，所得財富不少，事業有成。其暴發的速度與財富都極為優勢。此格從軍警職，能為國家掌兵權之領導人。做生意為億萬富翁之資財。

貪狼化權在巳、亥宮：與廉貞同宮，此時廉貪俱陷落，貪狼化權力道不強，主其人善於抓住機會而表現自己。命宮中再有陀羅入宮者，為『風流彩杖』格，喜主導風流韻事而生財。

庚年生有武曲化權入命宮

武曲為財星，性剛直，做事果決，武曲化權可增其掌有財富的權威與實際的主導力量，也可增奮鬥打拚的力量。在事業上有超級成就。宜武職，掌兵權，武職崢嶸。宜行商，掌商機與財富、經濟等大權。

武曲化權在子、午宮：與天府同宮。武曲、天府為財星、庫星，在子、午宮俱居旺位。武曲化權可增加賺取、掌控財富的力量。使其豐厚多積。

武曲化權在丑、未宮：與貪狼同宮。武曲、貪狼合成『武貪格』。此處武曲化權可增財富的暴發力量，使其增多。若從軍警職，亦可增其政治領導力。且會暴發旺運，升官發財。

武曲化權在寅、申宮：與天相同宮。武曲在寅、申只有得地（剛合格）之位，因此武曲化權與天相同宮時，主其人有掌控、處理財務的能力，使生活、財富平順而享福，並且也主軍事、政治上的領導力。但命坐申宮的人有祿存在命宮，主富，仍有軍事、政治上的領導力及主控力。

武曲化權在卯、酉宮：與七殺同宮。此為『因財被劫』的格式，且武曲財星在卯、酉居平，因此財不多。若從事武職或政治活動，掌權的力量會稍大。

武曲化權在辰、戌宮：與貪狼同宮，可增加『武貪格』暴發格的力量，做武職在職位與權位上佔有強勢。行商則在財富上能掌握暴發力，成為億萬富翁。

武曲化權在巳、亥宮：與破軍同宮。二星皆居平陷之位。化權力量不強，但可增辦事能力，在逆境中能衝破難關。在財富上雖不盡理想，但在軍事、政治上會有主控力。若從事軍警職的財務方面也有主控力。其人會有性格較頑固的想法。

辛年生有太陽化權入命宮

太陽主貴之星，甚喜化權相隨，可增領導力量及權威。太陽居廟化權時，其人對男性有領導力及影響力。能掌權勢、地位。而太陽落陷加化權時，在男性團體中表面上失去影響力且有隱藏在人後，不能出頭，為虛有其名，秀而不實，或只為幕僚人員，但經努力仍能暗中掌實權。

太陽化權在子、丑宮：太陽化權居子、丑宮時，為居陷落。太陽居子時，對宮有居廟的天梁星相照，為『陽梁昌祿』格的擁有者，從官職有實權，但名位較虛。太陽化權居丑宮時也居陷，有太陰居廟同宮，主富不主貴，亦主有實權，無正名。

太陽化權在寅、申宮：與巨門化祿同宮，在寅宮，主其人為演藝界名嘴及政治界政客。坐命申宮時，有先勤後惰之現象。

太陽化權在卯、酉宮：與天梁同宮，其人有『陽梁昌祿』格，可在政府機構居要職。坐命卯宮最佳。坐命酉宮者一生有成敗起伏，喜掌權管事。

太陽化權在辰、戌宮：對宮有太陰相照。以命坐辰宮為吉。少年即遂青雲得志，富貴大吉，可在文教界、外交界有威名。有早婚現象。命坐戌宮者，有『日月反背』的現象，宜離鄉發展，從公教職，財運才會順利。

太陽化權在巳、亥宮：對宮有巨門化祿相照。坐命巳宮者太陽化權居旺位，加上對宮相照之巨門化祿，從公職或教職、政治圈中、傳播業都發有發展。其人有『陽梁昌祿』格，官運亨通，學歷高，可為政府要職，有權有勢，財富亦多。坐命亥宮者，因太陽居陷，化權較無力，但仍有『陽梁昌祿』格，多努力可主貴，但為貴而不顯之人。做政府機要秘書之職，可掌實權。

太陽化權在午、未宮：太陽化權在午宮，對宮有天梁居廟相照，其人具有『陽梁昌祿』格，從官職可掌實權，名位與權位同高，可為政府高級官員。太陽化權在未宮居旺，與陷落的太陰同宮，主貴不主富，為一剛正不阿，掌實權之公職高官，但財少。或為一專業學者，財力稍差。

壬年生有紫微化權入命宮

紫微星為南北斗中之帝星，權威至極，再遇化權，為至高無上之權勢力量，主貴不主富，因此可增加改變趨吉的力量和權力。

紫微化權在子、午宮：紫微在子宮居平，在午宮居廟，尤以午宮化權為最至高無上。對宮有貪狼相照，主其人喜抓權，性格霸道、頑固、較孤僻。但其人一生有好運，能掌握權勢，位高職大。紫微化權在子宮只有一般稍具平順化吉的力量，其人仍喜掌權，性格頑固。

紫微化權在丑、未宮：與破軍同宮，紫微化權可掌握開創企機與領導能力，能開闢大片江山，使事業成就趨高，而至主貴的境地。此命格以從事政治界為佳。

紫微化權在寅、申宮：與天府同宮。天府是財庫星主富。紫微化權能幫助其人做企業集團的領導人，亦在財富方面助其更上層樓。

紫微化權在卯、酉宮：與貪狼同宮，貪狼在卯、酉桃花地有『桃花犯主』的問題。紫微化權可增進其人更多的莊重穩定的力量，但在桃花緣份上也具有主導力。此命亦可主貴，從官職，使事業有表現，職位高陞。

紫微化權在辰、戌宮：與天相同宮，主其人性格懦弱，但又有領導慾望，往往事與願違。但紫微化權可助其衝破天羅地網宮，而將萬事呈祥。其中可利用特殊專才而達到具有實際領導力的地位。

紫微化權在巳、亥宮：與七殺同宮，可強化『化殺為權』的力量，使自己擁有實權實利。也可在事業上得到好發展而富貴美矣！

癸年生有巨門化權入宮

巨門化權的特性在於運用口才而讓人言聽計從。巨門化權是利用化權的力量，對人起煽動作用，使人信服。更使自己的言論成為權威性的說詞。巨門化權宜政治人物、民意代表、教師、業務員、仲介業等得之較佳。能掌握控制他人，使他人信服的口才。

巨門化權在子、午宮：巨門化權在子、午宮為獨坐居旺，對宮有居廟位的天機相照，此為『石中隱玉』格。此命最宜政治人物、民意代表得之，能主導並控制群眾。

巨門化權在丑、未宮：與天同同宮，此時二星俱陷落。巨門化權只能多增是非與勞碌，無法真正具有權威，而是喜歡指使別人，而自己享福而已。

巨門化權在寅、申宮：與太陽同宮。可在教育界做老師，或在演藝界從事脫口秀。在政治圈做政治人物亦可。

巨門化權在卯、酉宮：與天機同宮，此為『機巨同宮』格式，武職為宜，有一呼眾諾之氣勢。做政治人物亦可以口才、辯才而掌權，具有地位。

巨門化權在辰、戌宮：巨門在辰、戌宮居陷，化權可彌補其惡勢，但巨門化權在辰、戌坐命的人，多言語不實，喜詐騙，且有以言語、是非誆騙別人，使自己得利之現象。

巨門化權在巳、亥宮：巨門在巳、亥居旺，對宮有太陽相照。巨門化權居巳、亥宮的人，有言語虛浮、誇大的問題。化權星使其更自以為是，向更大層面發展。因此此命格適合做補習班老師、政府人物，競選助選員、賣假藥的人。

化祿星入命宮

化祿星，屬土，屬陰，掌福德，主財祿。

命宮中若有主星居廟位加化祿的人，主其人有人緣桃花、善交際，做事能幹，多富，享受好。若主星居陷加化祿的人，對其人緣有幫助，其人較虛榮，是非成敗不定。

化祿星入命宮的人，更喜財帛宮與官祿宮三合宮內有化權、化科來照會，此謂『三奇嘉會』格，或有祿存乘旺來朝拱，皆主權高貴大，官爵顯要。

大運逢化祿主吉慶，流年逢化祿主進財升官。

化祿不喜入四墓宮，雖主化吉而無用，更不喜照會天空、地劫、化忌、耗殺等星，主財運起伏不順。

甲年生有廉貞化祿入命宮

廉貞化祿為桃花緣份，入人之命宮主戀愛之精神享受，得財的情況較少，較易發生感情困擾。

廉貞化祿在子、午宮：與天相同宮，主喜愛享受及情愛問題，情感多波折，易流連風月場所，亦有特別喜歡蒐藏品之嗜好。

廉貞化祿在丑、未宮：與七殺同宮，主對理財有興趣，會努力在做生意或去金融機構上班而升高職。

廉貞化祿在寅、申宮：為獨坐，對宮有貪狼相照。主對交際或公關有興趣，亦會經營類似藝術品有關的行業。

廉貞化祿在卯、酉宮：與破軍化權同宮，主其人工作努力，辛勞奔波，一生不得休息，但注重精神上的享受。

廉貞化祿在辰、戌宮：與天府同宮，主其人喜歡交際應酬，經過努力之後中、晚年財富多。

廉貞化祿在巳、亥宮：與貪狼同宮，兩星俱陷落，主其人感情複雜，好淫邪，桃花問題多。

乙年生有天機化祿入命宮

天機有浮動、變動的特性。化祿主財。兩星相遇只利於為人服務，但財的部份不多，因此天機化祿屬於財來財去、『過路財神』式的財。

天機化祿在子、午宮：為獨坐，對宮有巨門相照。主其人有特殊才能，運用口才的工作，按步就班，可有平順的生活。

天機化祿在丑、未宮：天機化祿居陷位，對宮有居旺的天梁化權相照，若不會煞星，事業會有成，宜做公務員或薪水階級可至主管之位。若有煞星相沖，主事業起伏不定，錢財不穩定，一生多靠貴人扶持才有機會。

天機化祿在寅、申宮：與太陰化忌同宮。祿忌相逢，以雙忌論。主其人金錢常不夠用，入不敷出。在寅宮尚可勉強應付，在申宮問題嚴重。

天機化祿在卯、酉宮：與巨門同宮，主其人必須辛苦奮鬥，歷經萬難、是非，才能賺到錢，其工作為研究性質、教書、競爭性強的工作。因有祿存同宮或相照，財富能有積蓄。

天機化祿在辰、戌宮：與天梁化權同宮。祿權相逢，以雙祿論。主其人可運用智慧成就名聲而得財。

天機化祿在巳、亥宮：為獨坐，對宮有太陰化忌相照。祿忌相逢，以雙忌論。命坐『巳』宮較好，對宮之太陰化忌在亥宮居旺，化忌不忌，財富較多，只是頻添是非而已。在『亥』宮，因對宮太陰化忌居陷的關係，是非災禍多而財運困難。

丙年生有天同化祿入命宮

天同為福星，化祿是財星，福祿相扶，可在平順中安享財祿。

天同化祿在子、午宮：與太陰同宮，在子宮主其人財福雙修，精於享受。在午宮多增人緣、享受。

天同化祿在丑、未宮：與巨門同宮，稍可略減其人的勞碌，但是非依然很多，其人較懶惰。

天同化祿在寅、申宮：與天梁同宮，主其人喜享福。命坐寅宮者，福祿好，勞碌少一點。命坐申宮者，更喜遊手好閒。

天同化祿在卯、酉宮：為獨坐，對宮有太陰相照。此人是『機月同梁』格，適合做薪水階級。命坐卯宮者較佳，因對照之太陰居旺，財富較多。命坐酉宮者，較辛勞、財富較少，只是人緣較佳。

天同化祿在辰、戌宮：為獨坐，對宮有陷落的巨門相照。主其人一生口舌是非多，而可圓滑處之，事業成就並不強。

天同化祿在巳、亥宮：為居旺獨坐，對宮有陷落的天梁相照。主其人愛享福，缺乏開創奮鬥的能力，有人緣好和自然的福力在支持他。

丁年生有太陰化祿入命宮

太陰為財星，最喜化祿，主財源豐盛，有柔美圓融的氣質，以及增添其人的異性緣。

太陰化祿在子、午宮：與天同化權同宮，又有祿存同宮或照會，稱『雙祿交流』格。其人本命又為『機月同梁』格，故做公職、薪水階級，按步就班可有好的表現，步步高陞，財官並美，地位高。有自然的福力和財力籠罩著他。

太陰化祿在丑、未宮：與太陽同宮。在丑宮在財富方面得利，主富。在未宮，在事業、官職上有發展。但皆主感情波折不斷。

太陰化祿在寅、申宮：與天機化科同宮。在寅宮，主其人會因工作能力極佳而富裕。在申宮，只主做事有條理，稍差的財運會順利一點。

太陰化祿在卯、酉宮：為獨坐，對宮有居平的天同化權相照。主其人相貌嫻靜柔美，喜愛享福。命坐酉宮的人主富，並在事業上有積極的成就。

太陰化祿在辰、戌宮：為獨坐，對宮有太陽相照。命坐戌宮的人較少年得志，是非雖多，但事業有成。命坐辰宮的人，依然勞碌不停，只是較有人緣而已。

太陰化祿在巳、亥宮：命坐亥宮者，為『月朗天門』格，財富多，人緣佳，做公教職或管理公家財物事業有成。命坐巳宮者，太陰化祿居陷，對宮之天機化科亦居陷，容易有感情問題，且成就會打折扣。但其人的外表長相有氣質、有人緣。

戊年生有貪狼化祿入命宮

貪狼為桃花星、才藝星、也為偏財星。加化祿，會使這些特點更充分的發揮。女性可具有多項才能，增加精明能幹。男性則易成為酒色財氣的愛好者。

貪狼化祿在子、午宮：為獨坐居廟地。因有擎羊同宮或對照，縱有火、鈴來會，暴發運亦不算特強。主其人桃花緣份多，有專業技能在身。

貪狼化祿在丑、未宮：與武曲同宮，為『暴發格』，會有極大的偏財運，利經商或從武職可有意外收獲。

貪狼化祿在寅、申宮：為獨坐，有廉貞相照。有火、鈴同宮或相照，有偏財運。否則是桃花運強烈之運格。喜用交際手腕去得財、升官。

貪狼化祿在卯、酉宮：與紫微同宮，主其人利武職，或在公職、銀行、財經等機構工作，與錢很接近，必可居要職。但桃花緣份濃厚。

貪狼化祿在辰、戌宮：因對宮有武曲相照，形成『武貪格』暴發運。可在事業上暴發運。利於經商、或做武職增貴。

貪狼化祿在巳、亥宮：因與廉貞同宮，雙星俱陷落，主其人桃花重、是非纏繞，感情困擾多，財祿略有但不多。

己年生有武曲化祿入命宮

武曲財星再加化祿，有錦上添花之妙，主財富增多。

武曲化祿在子、午宮：與天府同宮。天府為財庫星，又加財星、祿星，主其人一生主富，錢財堆積。若有羊、陀、化忌等煞星三合方來會照，錢財會受損，在公教職中可獲發展，有專業長才。

武曲化祿在丑、未宮：與貪狼化權同宮。權祿相逢，主其人才高膽大，可成就大事業，並且能掌握異軍突起之命運，從軍警職能獲極高的領導地位。從商可成大企業主。

武曲化祿在寅、申宮：與天相同宮，主其人在財經界工作，食祿千鍾。若有文曲化忌同宮，則地位平常，只是稍富裕一點，是非口舌不斷。

武曲化祿在卯、酉宮：與七殺同宮，主人在辛苦勞碌之後，稍增財力。武殺同宮為『因財被劫』的格式，故宜在軍警中管理財務、補給工作。

武曲化祿在辰、戌宮：辰、戌墓宮不喜化祿，故武曲化祿，雖與對宮的貪狼化權相照，形成極強的暴發運格。但是也特別辛苦勞碌。

武曲化祿在巳、亥宮：與破軍同宮。兩星皆居平陷之位，化祿只有潤滑作用，主其人可稍減辛苦，人緣變好，財運稍可平順，軍警職較能有所發揮。

庚年生有太陽化祿入命宮

太陽為主貴之星，對錢財能增順利，但不能說其主富。太陽光芒四射，不須化星來助陣，因此太陽化祿的功力並不如其他財星化祿、運星化祿，來得強烈明顯，只算是增輝而已。

太陽化祿在子、午宮：太陽在子宮失輝，化祿只能稍增其人與外界溝通的人緣關係，減少人生的辛勞度，在財祿上獲得的甚少。太陽在午宮喜化祿，可在事業上有成就，富貴皆得。但要注意幼年體弱與父早逝的問題。

太陽化祿在丑、未宮：與太陰同宮。命坐未宮，太陽居旺較佳，主事業有成就。在丑宮，太陽化祿居陷，太陰居旺，辛勞中可有財富。

太陽化祿在寅、申宮：與巨門同宮，主其人能運用人緣關係開拓事業，可減少辛勞度。又有祿存同度，故可擁有財富。

太陽化祿在卯、酉宮：與天梁同宮。可形成『陽梁昌祿』格，命坐卯宮的人，可優學致仕，成就很高。命坐酉宮者，亦會有此機緣，但後繼乏力，成就稍遜，並有擎羊在命宮，較操勞憂煩，對人生運程有妨礙。

太陽化祿在辰、戌宮：為獨坐，對宮為太陰化忌。主其人少年得志，平步青雲。命坐辰宮者可持久，命坐戌宮者不耐久，中年以後怠惰。

太陽化祿在巳、亥宮：為獨坐，對宮有巨門相照。命坐巳宮為佳，可減少是非口舌與辛勞度。命坐亥宮者居陷，是非辛勞依舊，稍具人緣而已。

辛年生有巨門化祿入命宮

巨門化祿雖主財，但亦須用口才得利。且帶有是非、麻煩等困擾，因此力量不強，適合服務業較佳，其他的行業財祿較少。

巨門化祿在子、午宮：為獨坐居旺，對宮有居廟的天機，三合宮位照守太陽化權，此為『石中隱玉』格，主其人在變動中運用口才可掌握權利機會而增貴。

巨門化祿在丑、未宮：與天同同宮，主其人愛享福，運用口才得利，可佔小便宜。

巨門化祿在寅、申宮：與太陽化權同宮。主其人在口才方面有特殊才藝，對男性特別有說服力，可多得財祿，做教師、演藝圈主持人、服務業大有發展，在政治界前途遠大。

巨門化祿在卯、酉宮：與天機同宮，有祿存同度。主其人一生辛勞奔波、做研究工作、軍警職掌權、掌財務、地位高、薪水多。

巨門化祿在辰、戌宮：為獨坐，有天同相照。其人財帛宮中有太陽化權。命宮在戌宮者極佳，財富方面有主控權。命宮在辰宮者，在掌握財富方面，有名無實，或是有實而無名。

巨門化祿在巳、亥宮：為獨坐，對宮有太陽化權相照。權祿交流，主其人在事業上有極佳的表現。其中又以命坐亥宮，對宮有太陽化權居旺相照為佳。從事教職、研究、政治等事業特別有協調能力、說服力。

壬年生有天梁化祿入命宮

天梁為蔭星，不喜化祿，有畫蛇添足之象。也會因化祿給天梁帶來是非麻煩，引起許多困擾，而讓天梁解厄復建的功能受到影響。

天梁化祿在子、午宮：為獨坐，對宮有太陽相照，化祿會為天梁帶來意外之財，而其人會抱有私意而獨吞受累。三合方又有紫微化權來相照，其人更有頑固、霸道的意志力，在事業上雖會有成就，但年運不佳時便受累遭殃。

天梁化祿在丑、未宮：有天機陷落相照。主其人一生辛勞、波折多，化祿減低了解厄呈祥的耐力，但可因『陽梁昌祿』格漸趨貴。命坐丑宮的人較佳。

天梁化祿在寅、申宮：與天同同宮，主其人圓滑好交遊，做服務業、演藝人員佳。

天梁化祿在卯、酉宮：與太陽同宮，主其人易形成『陽梁昌祿』格，可因優學致仕，升官發財。

天梁化祿在辰、戌宮：與天機同宮。主其人聰明、好辯、口才好，但三合方會有羊、陀來相照，再有其他煞星來照，其人奸滑多謀，給自己帶來更多的困擾。

天梁化祿在巳、亥宮：為獨坐居陷，有天同居旺相照。此命格中尚有祿存同度，主其人在感情上困擾多，奮鬥力不足，財運尚順暢。

癸年生有破軍化祿入命宮

破軍是戰將星、耗星。喜衝動、破壞，有侵略性及強勢的開拓精神，但對經營管理卻一竅不通，容易造成破耗、浪費，故破軍化祿所帶來的財祿較少，破耗超過了進財。因此有破軍化祿坐命的人，不宜經商。

破軍化祿在子、午宮：主其人有才藝、有奮鬥心可擔重責大任，人緣稍好，但財來財去。有昌曲同宮或照會時，有水厄，主貧。

破軍化祿在丑、未宮：與紫微同宮，因亦有擎羊同度，一生起伏多變化，事業經奮鬥、辛苦後會順利，但財利較少。

破軍化祿在寅、申宮：對宮有武曲、天相相照，可增加其人的人緣關係與外交能力，打拼進財順利。

破軍化祿在卯、酉宮：與廉貞同宮，主其人有才藝，人緣較佳。且在財經機構工作有幹勁，但不會為機構帶來財利。

破軍化祿在辰、戌宮：為獨坐，對宮有紫微、天相相照。主其人能發揮長才在專業領域中有成就。

破軍化祿在巳、亥宮：與武曲同宮，主其人可在軍警單位之財務部門工作。

化科星入命宮

化科星，屬水，屬陽，在數掌文墨，主聲名。

化科星坐命的人，聰明，氣質文雅，才華洋溢，面目俊秀，有名聲、主貴。辦事能力強，有文學修養。若在三合宮位中遇化權、化祿、無煞星、化忌沖破的人，能貴顯，為宰輔之官。主星陷弱化科，逢煞沖破的人，亦可為文學之士、做教師。化科最怕與空亡、天空、地劫相會，主有虛名、孤獨、懷才不遇、貧寒，也忌與七殺、破軍、廉貞、貪狼、化忌、大耗、死絕、沐浴、咸池同宮，主與科甲考試無緣，主貴不成。

女命有化科，主星居廟旺，無煞沖破者，可為貴婦。主星居廟化科而逢沖破者（即有羊陀、火鈴、化忌、劫空照守）者，是富貴而多淫慾之人。主星居陷化科坐命的人，為不吉，再加魁鉞照合，主其人多私情私慾。

甲年生有武曲化科入命宮

武曲為財星，化科主文，主科甲文墨。兩者本不相干。因此武曲化科不如真正的文星化科有力。但主其人在計算能力方面較強。而在文藝上揚名不易。主有辦事能力和會計能力。

武曲化科在子、午宮：與天府同宮，主辦事效率高及在財富、會計方面的計算能力較佳。

武曲化科在丑、未宮：與貪狼同宮，主有『暴發運』、『偏財運』。暴發的方式會在文職工作上。是大器晚成的格局。

武曲化科在寅、申宮：與天相同宮，因對宮有破軍化權相照。主其人會經過奮鬥，事業有成，從商、從文職皆可。

武曲化科在卯、酉宮：與七殺同宮，因三合宮位會照會廉貞化祿和破軍化權。主其人辦事能力強，能有官貴。打拚之後能任高職。適合軍警職中做管理財務的主管。

武曲化科在辰、戌宮：為獨坐，對宮有貪狼相照，此為『武貪格』暴發運的格局。但化科無力，只增其光彩而已。

武曲化科在巳、亥宮：與破軍化權同宮，三合宮位中有廉貞化祿相照，若無煞星沖會，可在辛苦中奮鬥成功。

乙年生有紫微化科入命宮

紫微為帝星，化科為文星，兩星相遇可增加文質高貴的氣質與文藝方面的能力，辦事效率高。

紫微化科在子、午宮：主其人氣質優雅，能成為學者、名教授，或在學術上有卓越之地位。

紫微化科在丑、未宮：與破軍同宮，主其人外型豪放俊挺，有領導能力，可增加工作能力，事業有成就。

紫微化科在寅、申宮：與天府同宮，主其人氣質高雅、能力高，一生富貴榮昌，事業順利。

紫微化科在卯、酉宮：與貪狼同宮，且有祿存同度。主其人外貌俊俏，才藝多，從官職可主富貴，並有名聲。

紫微化科在辰、戌宮：與天相同宮。主其人有專業長才，可在工作領域有極大名聲。

紫微化科在巳、亥宮：與七殺同宮，主其人有音樂、藝術、繪畫等才能，且能在藝術領域出人頭地。

丙年生有文昌化科入命宮

文昌化科在人命宮，為文星科甲皆入其位。主其人在文藝性質的領域中具有特殊才能。為人精明，有數字計算之特殊才能。其人氣質也文雅出眾。

文昌化科在丑、巳、酉等宮為居廟位。在申、子、辰等宮居得地之位，若與吉星同宮，主其人有文名。若形成『陽梁昌祿』格，主其人聰明絕頂，學識高超，有官貴。利於讀書、考試、升官。

文昌化科在寅、午、戌宮時居陷位，主其人虛而不實，文昌化科變為無力，有煞星侵擾時，則無用。只能略增人緣而已。聰明度較差，計算能力差，也會影響辦事能力。

丁年生有天機化科入命宮

天機星是聰慧、敏捷、好動的星曜。化科為文星。因此天機化科代表其常有表現的能力，才藝多，可出風頭。有吉星同宮或相照、相夾的人，可享文名和因才藝出名。

天機化科在子、午宮：天機居廟地，對宮有巨門化忌相照。命坐午宮的人，其相照的巨門化忌在子宮，為害尚不嚴重，只是憑添是非口舌而已。天機化科坐命子宮，再遇午宮有巨門化忌相照，主其人一生勞碌、是非、辦事能力打折扣。

天機化科在丑、未宮：天機化科在此二宮居陷落。對宮有天梁相照，化科無力，只能從事文職工作。若有昌曲、左輔、魁鉞等六吉星同宮相輔，事業亦會有成就，化科得以幫扶。無六吉星相助者，化科較無用。只能略增其人氣質文弱一點。

天機化科在寅、申宮：與太陰化祿同宮，主其人可在演藝、傳播業工作，其人氣質優雅、相貌美麗，有大眾緣，能力很強，財利也不錯。

天機化科在卯、酉宮：與巨門化忌同宮，主其人性格有怪癖、是非特多，思想反覆，辛勞不斷。

天機化科在辰、戌宮：與天梁同宮，主其人有名士之風度，喜談文藝，可從事著作、出版等工作。

天機化科在巳、亥宮：為居平獨坐，對宮有太陰化祿相照。命坐巳宮者為佳。事業可成功，有文名，但為晚發趨勢。命坐亥宮者為虛名小利之人。

戊年生有右弼化科入命宮

右弼為輔佐之星，化科為文星，兩星相遇，只能為人服務，若同宮再有吉星，則能相助增輝。若同宮有煞星，則助惡。

右弼化科入命宮或大、小限逢之，亦主以桃花事件出名，有誹聞。

右弼化科與文星同宮，可助其人有文藝才能。與財星同宮，可助財利。與破軍、七殺、化權等同宮，可助其人事業成就增高，但也有助惡之嫌。

己年生有天梁化科入命宮

天梁化科有主貴的力量，也有解厄呈祥的功能。可使人在歷經困難以後，學習到經驗而進步。

天梁化科在子、午宮：為獨坐居廟地。並有祿存同度。再有文昌星來會可形成完美的『陽梁昌祿』格，利於考試、增學識，官途亨通。可有在穩定中增貴的事業。

天梁化科在丑、未宮：為獨坐居旺，對宮有落陷的天機相照，並有擎羊星同度，因此事業有起伏，化科的力量不強，只能增文質的氣質而已。

天梁化科在寅、申宮：與天同同宮，主其人有文藝修養，可從事藝文工作。

天梁化科在卯、酉宮：與太陽同宮，可增其人在事業上的成就。因四方宮位有紫微與貪狼化權相照，主其人可揚名。

天梁化科在辰、戌宮：與天機同宮，主其人在口才、文藝方面皆有表現，可為作家、文職、藝術家。

天梁化科在巳、亥宮：天梁居陷位，對宮有天同居廟相照，主其人相貌不錯，氣質文雅，但愛享福。

庚年生有天同化科入命宮

天同為福星，化科可增其享福的程度達優質生活，並給其人帶來文質彬彬的氣質外表。

天同化科在子、午宮：與太陰化忌同宮，主其人愛享福，卻不重視實際生活問題，在事業上有有懈惰的態度。

天同化科在丑、未宮：與巨門同宮，有陀羅同度。天同化科居平陷之位，化科無力，其人只是虛有其表，事業無著。

天同化科在寅、申宮：與天梁同宮，主其人態度悠閒，愛東奔西跑，喜玩耍，做旅遊業較好。

天同化科在卯、酉宮：為居平獨坐，對宮有太陰化忌相照，其人性格溫和、柔美，但心思反覆、陰晴不定，多會忙碌一些無關緊要的事情。

天同化科在辰、戌宮：為居平獨坐，對宮有居陷之巨門相照，主其人易忙碌奔波於一些是非煩惱之事。

天同化科在巳、亥宮：為獨坐居廟，對宮有陷落的天梁相照。主其人愛享福、喜文藝，做事沒有激發、打拼的原動力。為人懶散，只對穿著、吃喝有興趣。

辛年生有文曲化科入命宮

文曲星主口才、科名、才藝、喜慶、升官、進財、桃花等吉事。化科為文星。兩星相遇，在子、丑、卯、辰、巳、未、酉、亥等宮居旺位，能發揮文曲的特性，一切趨吉。若與吉星同宮，其人口才好、才藝精通，並有以桃花事聞名的跡象。

文曲化科在寅、午、戌宮為居陷，主其人虛而不實，口才拙劣、桃花無用、才藝不精。若再有煞星同宮，是非問題嚴重，一生成就不佳。

壬年生有左輔化科入命宮

左輔星是真正具有強勢的輔佐星曜。化科可幫助其處事的才能。此星遇吉星同宮則吉。遇煞星同宮會助惡。左輔化科和財星同宮，可助財利。與運星同宮可助運。與煞星殺、破、羊、陀、火鈴同宮，則助惡星威力更強。

左輔化科入命，性格較文質彬彬，會以桃花事件出名，且有雙妻命。若再有昌曲等同宮，其人愛享福，雖有文藝修養，做文職才能成功。其人桃花重，會有邪淫事件及誹聞發生。

癸年生有太陰化科入命宮

太陰為財星，又為陰柔多情之星。化科為文星，兩星相遇，主其人有高雅之氣質、柔美動人。且在讀書與研究工作上以及對金融、財經、儲蓄、買賣房地產方面會有發展。

太陰化科在子、午宮：與天同同宮。主其人任公教職、大企業中工作有前途。命坐子宮者，同陰居旺位，且有祿存同宮，事業順利、錢財充裕。

命坐午宮者，太陰化科居陷，只增其辦事能力。

太陰化科在丑、未宮：與太陽同宮，命坐丑宮者，可從事金融、會計行業。命在未宮者，宜公教職。

太陰化科在寅、申宮：與天機同宮，主其人氣質文雅，從文職佳，但有感情困擾。

太陰化科在卯、酉宮：為獨坐，對宮有天同相照。其人外表溫和、柔美。命坐卯宮，太陰居陷，化科無力，可略減操勞度，使其氣度優雅。命坐酉宮，太陰居旺，化科可增其人在事業上之奮鬥力與表現力，成就非凡。

太陰化科在辰、戌宮：為獨坐，對宮有太陽相照。辰宮太陰居陷，化科無力，且有『日月反背』格局，一生勞碌，中年怠惰，為平常之命。命坐戌宮者，日月居旺，事業可成，其人為貌美，優雅快樂之人。

太陰化科在巳、亥宮：在巳宮，太陰居陷，化科無力，對宮之天機也居平相照，且有陀羅煞星相照，情況不妙。主其人心浮氣躁，只重外表，虛而不實，但仍有文質優雅的外表。

在亥宮，太陰化科可名符其實的發揮作用，助其人在文職中大展長才，亦能在文學、藝術、演藝工作中有成就，人也會更美麗、優雅、多情。

化忌星入命宮

化忌星，屬水，屬陽，為上界多咎之神，嫉妒之星，主是非口舌，又名計都星。

化忌星逢居陷主星，或逢羊、陀者為破格。未逢破格者僅主是非糾纏。若主星居廟旺之地，逢化忌而不忌。化忌逢陷地則主凶。通常金水之星居廟旺逢化忌不忌，仍有富貴。例如太陰化忌在亥宮為『變景』，化忌不忌。而武曲化忌逢巳宮為長生之地，亦化忌不忌。太陽化忌居午宮，天機化忌居卯宮，多富而不貴。或貴而不富，為富貴取其一而已。

化忌之星無屬土之星。化忌入辰、戌、丑、未四墓地更凶，如屬火之星化忌，入亥、子二宮水鄉，加煞凶惡異常，多傷亡夭折。例如廉貞化忌在亥宮，有羊陀相夾，為『羊陀夾忌』格時，大、小限逢之主夭亡。

化忌星入命的人，一生多是非災禍，帶疾延年，事業多起伏不順，容易遭嫉，六親不合，朋友不義，性情急暴，多惹口舌，為便佞小人，且易一生貧窮，財運不濟，做武職較吉。

甲年生有太陽化忌入命宮

命宮中有太陽化忌的人，有眼疾，及與父親、兒子有刑剋。男子對自己不利（剋自己），女子對丈夫不利（剋夫）的現象。也有在男人社會中多是非及失去競爭力的現象，一生較不順。官運不好。

太陽化忌在子宮：此宮化忌影響小，子年眼目有疾，與男性有刑剋不合。

太陽化忌在丑宮：與太陰同宮，主與父親無緣，一生較晦暗，有眼疾。

太陽化忌在寅宮：與巨門同宮，多是非口舌。命中有祿存，有『羊陀夾忌』之惡格，大運流年逢寅宮（寅年）小心有生命之憂。

太陽化忌在卯宮：與天梁同宮，主與父母無緣，與長輩關係皆不佳，尤其是男性長輩。一生無貴顯，且多是非糾纏。

太陽化忌在辰宮：太陽不喜化忌在此同宮，主與父親無緣，且與男性是非多。

太陽化忌在巳宮：太陽在此宮不喜化忌同宮，但化忌對其傷害不大，主剋父，傷眼目，與男人不合。

太陽化忌在午宮：與父母無緣，事業起伏不定，無官運，與男子不合多是非。

太陽化忌在未宮：與太陰同宮，主與父母緣薄，其人不合群，有孤僻現象。

太陽化忌在申宮：與巨門同宮，主事業不順、感情、婚姻有問題。

太陽化忌在酉宮：與天梁同宮，主人生坎坷，漂泊、勞碌奔波、一事無成，且與父母不合。晚婚。

太陽化忌在戌宮：對宮有太陰相照，此為『日月反背』格局，一生多桀難，與父母不合，且有眼疾，有官非獄事。

太陽化忌在亥宮：主失恃，與父母緣淺，眼疾嚴重，有官非獄事。

乙年生有太陰化忌入命宮

太陰化忌坐命的人，多與母親、女兒有刑剋。女命中年剋自己（自刑）。男命剋妻。其人與女性不合，多是非口舌。且多財運不順，有金錢是非及貧窮的現象。

太陰化忌在子宮：與天同同宮，主與女性有是非糾葛、纏繞不清，但努力事業會有成就，其人從事清高的職業。

太陰化忌在丑宮：與太陽同宮，主與父母無緣，與女性不合，錢財多是非不順，錢財少。

太陰化忌在寅宮：與天機化祿同宮，主金錢運起伏不定，常透支，但仍能度過。與女性不合，有麻煩產生。

太陰化忌在卯宮：為獨坐入陷，主刑剋女性親屬，女命剋自己，感情、錢財不順有貧困現象。

太陰化忌在辰宮：為獨坐居陷，主離鄉發展，有煞星同宮可減輕化忌之惡。與女性不合，是非多，與父母無緣，財少，錢財不順。

太陰化忌在巳宮：為獨坐居陷，一生都在是非變化中度過，離鄉發展較好。經濟不寬裕。

太陰化忌在午宮：與天同同宮。主奔波勞碌，福不全。有羊刃煞星可減低化忌的威力，但與女性不合，多是非，財運不佳。

太陰化忌在未宮：與太陽同宮，與女人不合，父母薄緣。在男性多的工作環境中較好，但財運不濟。

太陰化忌在申宮：與天機化祿同宮。祿忌相逢，以雙忌論，故財運起伏不定，多不順，貧困，有金錢危機。與女性不合，失怙。

太陰化忌在酉宮：為獨坐居旺，錢財有是非，與母親不合，與女性是非多，感情困擾多，戀愛不順利。

太陰化忌在戌宮：為獨坐入廟，主其人漂泊不定，與母親有代溝，與女性不合，是非多。錢財也常不順。

太陰化忌在亥宮：此為『變景』，主事業有成就，但仍剋母、剋妻、剋女兒，女命剋自己。與女性朋友、同事，是非口舌多。錢財上多是非但仍能有財。

丙年生有廉貞化忌入命宮

廉貞為桃花星，化忌為是非、多咎、嫉妒之星，合而有之對感情不利，善妒多疑、情感不順。廉貞亦為囚星，廉貞化忌主官非、有牢獄之災。中年以後遇廉貞化忌亦主疾病，傷剋，有開刀手術之血光。

廉貞化忌在子、午宮：有天相同宮，對宮有破軍的影響。三合宮位中有紫微、天府、武曲相照，吉星多較不怕化忌，但仍主其人有感情困擾，或因美容手術而開刀，也會有官非。

廉貞化忌在丑、未宮：與七殺同宮，主官非、血光、傷殘、有災禍、凡事不順、感情問題困擾多。

廉貞化忌在寅、申宮：為獨坐，有貪狼相照，主其人心情善變，善妒、古怪、心胸狹窄、遇事愛計較，是非災禍較多。

廉貞化忌在卯、酉宮：與破軍同宮，主官非爭鬥很嚴重，情感上多波折，有血光之災。

廉貞化忌在辰、戌宮：與天府同宮。辰、戌宮為天羅地網宮，坐命於此，主其人能衝出限制而成功。但仍不利人緣交際，其人頭腦思緒較混亂，也容易有是非。是一個凡事不夠聰明的人。

廉貞化忌在巳、亥宮：必與貪狼同宮。因二星俱陷落，又遇化忌，主其人頭腦不清，幼年坎坷。心緒煩亂，一生多奔波勞碌，波折較多。

丁年生有巨門化忌入命宮

巨門為是非之星，化忌為多咎之主，兩星並列，主其人口舌是非糾纏不清，思緒混亂、頑固、自以為是、感情困擾多、情感易扭曲多變、性多疑、廢話很多、不滿現狀、做事進退反覆、喜欺騙、六親寡合、多招是非、災禍之象。

巨門化忌在子、午宮：為獨坐，對宮有居廟的天機化科相照。此命以命坐『子』宮者為佳，因子宮水鄉不畏化忌，化忌反主有激發力量。但一生皆多是非、口舌。只是子宮其禍較輕。午宮其禍較重。

巨門化忌在丑、未宮：與天同同宮，因天同、巨門俱陷落，是故其人一生辛勞奔波，多是非口舌，頭腦不清，只愛享福，佔小便宜。一生命格不高。

巨門化忌在寅、申宮：與太陽同宮，主其人思想沒定見，注意力不集中，與父母、師長、長輩、上司不合、脾氣古怪、多是非災禍。

巨門化忌在卯、酉宮：與天機化科同宮，科忌相逢，以雙忌論。主其人經過雙倍的辛勞與是非糾葛後，稍能表現事業成就，但一生起伏不定。

巨門化忌在辰、戌宮：為獨坐，辰、戌宮為天羅地網宮，化忌怕入四墓地，主增凶。故巨門化忌在辰、戌宮不能得到反制，卻會帶來血光、災禍與是非。

巨門化忌在巳、亥宮：為獨坐，對宮有太陽相照，坐命亥宮較佳。化忌入水鄉，化忌不忌，再加上對宮的太陽居旺相照，仍然能有成就。而坐命巳宮者命尤凶，多是非糾纏、感情不順、災禍頻仍，難有成就。

戊年生有天機化忌入命宮

天機星是『善變』易『動』的星曜，對於化忌特別敏感。會增加天機變動的頻率，形成每下愈況的問題，情形很糟，因此天機化忌，於任何宮位皆對人不利，會產生不好的結果。

天機化忌在子、午宮：為獨坐，因天機居旺，而化忌在子宮入水鄉，故天機化忌在子宮較影響最輕，只是勞碌奔波，多是非的問題而已。天機化忌在午宮，是非災禍多，流年不利會有血光、傷災及健康變壞的問題。

天機化忌在丑、未宮：為居陷獨坐。對宮有天梁星相照。天梁雖能幫助陷落的天機做復建，但是天機化忌的禍災有愈演愈烈的跡象，主其人一生有感情問題，事業不順，很難出頭。

天機化忌在寅、申宮：與太陰化權同宮，此命以天機化忌坐命寅宮較佳。同宮之太陰化權居旺，變動趨凶的速度也會減慢，而且仍能主掌財祿。而命坐申宮的人便無此好運了。太陰居平，化權無力，權忌相逢以雙忌論。其禍尤烈。有感情問題和財運多是非、不順、貧困。

天機化忌在卯、酉宮：與巨門同宮。主其人思想偏激、頑固，自覺懷才不遇，壯志難伸。有桃花星加昌曲者，可入演藝圈，但仍是非、困難、勞碌不斷。

天機化忌在辰、戌宮：與天梁同宮，主其人思想古怪，多招是非，自損前程，事業波折不順。

天機化忌在巳、亥宮：為獨坐，對宮有太陰化權相照。坐命亥宮較佳。化忌入水鄉，化忌不忌，又加會對宮落陷之太陰化權，安貧樂業可一生平安。天機化忌坐命巳宮者，動盪較嚴重，化忌產生不好的影響，對宮太陰化權再來相激，雖有財富，但凶災不斷。須早斷流年以防凶厄。更忌『羊陀夾忌』惡格，必有災禍發生。

己年生有文曲化忌入命宮

文曲為主科甲之星為文星，而化忌主是非凶禍，文曲與化忌同宮，主其人錢財耗弱，感情多困擾，口舌是非，言語招災，才藝有損，桃花惹禍。文曲居廟旺之地受化忌的影響較小。文曲在寅、午、戌宮居陷，化忌星為害尤烈，尤以午、戌最凶。

庚年生有太陰化忌入命宮

請參考《乙年生有太陰化忌入命宮》的部份。

辛年生有文昌化忌入命宮

文昌主科甲為文星，而化忌主是非災禍，是故文昌化忌主要是在文章、契約、藝術創作、文字、公文、數字計算方面會產生錯誤，或引起是非、痲煩、凶禍等問題。

文昌在巳、酉、丑為入廟，在申、子、辰、亥為旺宮。化忌對其影響小，只是限制與延緩了其人的才華顯露，錯誤的發生率較小。而文昌在寅、午、戌逢化忌時，才華遭埋沒，或作品、契約、公文等常出錯，亦或有才非所用、大材小用等的問題，有這些現象的人，更應該小心數字、契約、支票、保單、作保方面的問題。尤其是做會計人員有文昌化忌時，更要小心計算上的錯誤，以防招災。

壬年生有武曲化忌入命宮

武曲為財星，最不喜遇化忌。武曲化忌主要在於財務方面不順利，有金錢是非災禍，財運不濟，有窘困現象。繼而由財務延伸到事業上，亦勞碌波折，無法周詳順利。武曲化忌在流年中逢到，感情亦會多是非糾葛，產生不順。

一般來說，有羊、陀、火、鈴、劫、空與武曲化忌同宮，可延緩武曲化忌的破壞力，有緩衝效果。但是這些星更加劇了武曲化忌的凶性，於是本來只是金錢問題，最後卻更帶來血光、傷殘、夭亡、萬事成空。金錢不順是一時的問題，而凶災、夭亡卻是終生的遺憾。因此要以之六煞星制化延緩武曲化忌，根本是亡羊補牢，多此一舉的事情了。

武曲化忌在子、午宮：與天府同宮。武曲金星在子宮化忌不忌，因此不畏化忌。在午宮較畏怕化忌。天府庫星仍可保留錢財，只是多是非困擾而心緒不寧。

武曲化忌在丑、未宮：與貪狼同宮，其人在金錢上與暴發運上，雖因化忌阻礙錢財的多得，但主其人有多才多藝的能力，可有巧藝維生，並能另謀出路而發展成功。只是此人不宜投資或做會計方面的工作，以防賠錢遭災。

武曲化忌在寅、申宮：與天相同宮，主其人錢財方面計算能力不佳，財運小有不順，但能平安度過，感情較易出問題，亦主辛勞奔波。

武曲化忌在卯、酉宮：與七殺同宮。原本就是『因財被劫』的格局，現又逢化忌來相擾，頻添災禍，其貧困的現象很明顯，若再有羊、陀、火、鈴在三合宮位、四方宮位中出現，下賤、貧困、夭亡、傷殘的情形立見。

武曲化忌在辰、戌宮：為獨坐。有貪狼相照。原本是極美的『武貪格』暴發運，有化忌形成破格。暴發運不發。亦可能暴發後引來金錢是非糾纏的問題。

軍警職、政治人物有此格亦不佳，有可能在暴發運後有血光之災、陣亡、或遭暗殺。

武曲化忌在巳、亥宮：與破軍同宮。以坐命亥宮較吉。化忌入水鄉化忌不忌再加上有祿存同宮，亦能制化化忌星。金錢運雖稍有不順，賺得較少，但辛勞努力，依然會有成就。命坐巳宮的人，因祿存為相照，其狀況稍遜，金錢的是非災禍仍多，且有血光之災。

癸生生有貪狼化忌入命宮

貪狼為解厄之神，為禍福主，是故貪狼不畏化忌。

貪狼化忌仍有下列特點：貪狼主多才多藝，遇化忌星，其人會在才藝上有瑕疵，或在其人的身上、面貌上有疤痕。亦或是身體上有隱疾。

凡貪狼化忌坐命的人，都會在人緣交際上出現是非困擾，或有是非纏身，或有人緣欠佳之問題。而其人每逢有好運道產生時，便有是非、災禍來截胡，一陣混亂之後，好運沒有了，才安靜平安下來。而貪狼化忌坐命的人，都有特殊專業技藝謀生，對財富的獲得並無影響。只是對偏財運和暴發運有影響而已。

貪狼化忌在子、午宮：命坐『子』宮為佳，不畏化忌，其人會在專業技術領域有大發展，成就很大。命坐『午』宮怕化忌，有感情糾紛或晚婚現象。

貪狼化忌在丑、未宮：與武曲同宮。此命為『武貪格』的破格。但亦可能有機會暴發，只是暴發後有災禍隨至的情況要小心，此命有特殊技藝維生，但與異性緣份不佳，可能晚婚或不婚。

貪狼化忌在寅、申宮：為獨坐，對宮有廉貞相照。此命格為男性有專業技能糊口謀生。女性為家庭主婦。

貪狼化忌在卯、酉宮：有紫微同宮。主其人工作辛勞，人緣關係上時有是非。

貪狼化忌在辰、戌宮：為獨坐，有武曲相照。此命所形成之『武貪格』為破格，小心暴發運與災禍同至。貪狼在辰、戌宮最喜化忌，會因專業技術而發富。

貪狼化忌在巳、亥宮：與廉貞同宮，主其人好淫多是非，情感不順利，人緣關係不佳，事業成敗起伏不定，諸事不順利。

天馬入命宮

天馬屬火，屬陽，為中天斗星。為司祿之星，主遷動，化氣為驛馬。不喜獨坐。

凡天馬入命宮者，皆喜善變而好動，驛馬重，其人有離鄉才會發達之象，而且一生奔忙、離家愈遠、愈奔忙、愈多財。

天馬屬於月系星，以三合局取之，例如生在申、子、辰月的人，天馬在『寅』。生在巳、酉、丑月的人，天馬在『亥』。生在寅、午、戌月的人，天馬在『申』。生在亥、卯、未月的人，天馬在『巳』。天馬只會出現在四馬之地『寅、申、巳、亥』四個宮位。

天馬最喜與祿星（祿存、化祿）同宮於身、命乘旺之地。稱做『祿馬交馳』，主富貴。再有昌曲、紫微、天府等吉星守照的人，是財官雙美格局的人。

天馬逢太陰為『財馬』。逢太陽為『貴馬』。與太陽、太陰同宮稱『雌雄馬』。與紫微、天府同宮稱『扶輿馬』。與武曲、天相在寅、申宮，無煞沖破稱『財印坐馬』，富貴掌權。天馬與紫微、七殺在巳、亥宮同宮稱之為『權馬』。以上皆主吉利，增富貴、權位。

天馬若與煞星同宮坐命，或是單星坐命有煞星相照，皆主凶死他鄉。天馬遇陀羅為『折足馬』。天馬遇火星為『戰馬』。天馬遇刑殺之星同宮謂之『負尸馬』，皆主倍嚐艱辛、財運不濟、困苦、凶災。無吉相救者，凶死在外。

另外天馬主流行事物與即時跟隨、馬上行動的意義。因此天馬遇天姚同宮，主其人愛時髦，愛漂亮，有虛榮心。

天馬與太陽、巨門同宮：有競爭是非之心。在感情問題上易與他人爭奪情人，有淫奔、同居之現象。

天馬與貪狼同宮：為『桃花馬』，易嫉妒，好貪財、貪色。

天馬逢劫空同宮：為空馬、死馬，白忙一場，中計逢空。

天馬逢羊刃同宮或相照：為『負屍馬』，主災厄不斷，有血光、劫財、耗財。

天馬在巳、亥宮與天同或天梁同宮：為『野馬』，主漂泊不定，桃花淫蕩，易遭引誘。

天刑入命宮

天刑星，屬火，屬陽。主孤剋，刑夭。居廟地時又名『大喜神』，主掌兵權刑罰，遇太陽同宮者為『武貴』。在數亦主醫藥。

因天刑為上天刑罰之宿，故天刑坐命的人，臉面很酷，表情臭臭的，很沈默，沒有人緣，讓人難以接近。其人有自我刑剋的情形，性格孤僻、高傲，剛強、固執而保守，不願與人打交道，求助於人。其人有才幹，卻多勞碌，年輕時不信邪，中年以後卻信教虔誠。

天刑坐命的人，很容易犯陰煞。天刑入『命、財、官』三合宮或是疾厄宮的人，常身體有毛病，而做事斷斷續續不順利。一直要到中年信教以後，才慢慢順利。

天刑在『寅、卯、酉、戌』四宮為入廟，稱『入刑』。在其他諸宮，若逢主星廟旺同宮，亦可乘旺，只不過其人常有胸口悶悶的感覺，不願與別人傾訴心事。天刑居旺而逢巨門、太陽、天梁、天相等星之人，多為司法界名人。

天刑逢正星落陷或逢煞沖破，主孤剋、疾病、貧夭、父母兄弟不全。更忌與天哭同宮坐命，其人為六親無親無靠，有孤寒、災禍、疾病的問題。天刑遇主星化忌同宮時，會犯官符、觸法入囹圄。有白虎同宮，官災獄禍更靈驗。大、小限逢天刑限，主其人有出家、官非、牢獄之災、火災、破敗、疾病等等。

天刑入命易有傷殘、官非。入疾厄宮要小心小兒痲痺症。東南生人，尤其是廣東人要注意『痲瘋病』的發生。天刑又為『喪門星』，主官非醫療、病災。六親宮中有天刑逢化忌、弔客、貫索、哭虛，有夭亡喪事。

天刑不宜在夫妻宮出現，遇煞多、化忌者，易離婚。

天姚星入命宮

天姚星，屬水，屬陰，在數主風流好淫。天姚在丑、酉、戌、亥宮為入廟，主富貴風流，有學識文采。天姚在其他宮位遇主星趨吉趨旺時亦可乘旺。但只主好淫，不主文學修養。主星居陷及不在上四廟地者為居陷地，多為術士，荒淫漂蕩。

天姚坐命的人，居廟地者相貌美麗、俊俏帶桃花、有知識、善機謀，有文采風流，學術高深，喜遊煙花柳巷、風塵之地。

天姚為藝術才能之星，亦為『桃花秀才』。為人優雅、幽默、多機智、處事圓滑、人緣好。其人喜風花雪月，很能察言觀色而知進退。他們的口才很好，喜歡聊天擺龍門陣。亦喜歡韻律、跳舞、音樂以及時髦的玩意兒。其人也有很重的虛榮心，喜歡衣著打扮，愛慕虛榮。天姚入命的人會早熟、風騷、虛榮，並且破耗不少，為美麗、虛榮而破耗。女命忌入身宮、福德宮。

天姚居陷地坐命的人，是陰毒而多疑的人，且巧言令色，多淫慾，再有紅鸞守照的人，會因淫禍而敗家破產。

天姚入財帛宮的人，易發桃花財，及好酒色、賭博。宜有藝術品鑑賞或其他才藝及專門技藝做嗜好、興趣以取代之。

天姚星遇主星化忌，主有水厄。尤其主星為五行屬水之星尤凶，容易有傷亡凶死。天姚遇羊刃（擎羊星）亦主桃花劫、水厄、凶死。

主淫慾的桃花組合有：

天姚遇天馬。天姚遇破軍。天姚遇貪狼。

紫微、貪狼、天姚照守。廉貞、貪狼、天姚照守。

天姚遇七殺。天姚遇天相。天姚遇紅鸞。

天姚遇咸池、沐浴。天同巳亥宮遇天姚。

天梁巳亥宮遇天姚。同梁寅、申遇天姚。

上述桃花組合，若再遇羊陀、火鈴沖照，則有傷亡、破耗、劫難。若遇空亡，較吉，但主貧。大運、流年逢天姚，主招手成婚，與人同居。

陰煞星入命宮

陰煞星有鬼神之稱，主小人。

陰煞入命宮的人，其人一生是非多，本性多猜忌，又有外來小人暗害。自身也有不夠光明磊落的性格。其人容易犯陰事、犯煞。尤其是農曆正月和七月出生的人又有陰煞入命宮最易犯煞。因為七月為鬼月，而正月寅宮為『鬼門』之故。有陰煞入命的小孩，幼年不好養，多病。不宜出入陰廟、陰地、墳墓周圍，以防犯煞。

陰煞入命、福、疾三宮者，少管陰事，少探病，少參加喪葬、公祭以防犯煞。陰煞入財帛宮的人，容易花冤枉錢，或錢常無緣無故的遺失缺少了。陰煞入田宅宮，家裡容易招鬼，是非災禍多，宜慎選住屋。陰煞入遷移宮，易精神不集中而發生車禍。陰煞入僕役宮，犯小人，易遭陷害、劫難。如再有七殺、羊刃在僕役宮，易遭朋友殺害。辦公場所多是非，工作不順利，事業也無法有成就。

紅鸞星入命宮

紅鸞星屬水、屬陰，在數主婚嫁喜慶。為桃花星。

紅鸞入命宮，其人有聰明秀美之外貌，心性溫和，直爽，活潑好動，喜歡與人交際。亦有虛榮，稍為淫蕩之現象。多早婚。

紅鸞運在人年青時逢到，代表有異性緣，能有機會多認識男女朋友。未婚者結婚的機會增多。中年人逢紅鸞運，有添丁之喜，喜慶團圓，亦可能是邪淫桃花，當夫妻感情不睦時，有破敗、離婚之象。老年人逢紅鸞運不利，有喪妻、疾病、血光等災禍。

紅鸞遇下列星曜代表不同的意義

紅鸞—大耗：在命宮或財帛宮，主其人好賭博、投機，但財破耗。

紅鸞—羊刃：主失戀、血光之災、生產開刀、美容開刀。

紅鸞—陀羅：姻緣受阻、拖拖拉拉、月經不順。

紅鸞—火星：容易因火災受傷。

紅鸞—昌曲、化科：主有喜慶之事，姻緣、官運、考試、財運皆大吉，有富貴、名聲。

紅鸞—昌曲、化忌：主有退婚、姻緣中斷、文書出錯、遭降職、考試不第、財運破耗等災禍。

紅鸞—劫空：無姻緣機會，或中途斷了線。

紅鸞—桃花星：更淫亂、增淫慾。

天喜星入命宮

天喜星屬水，屬陽，主婚姻喜慶。

天喜坐命的人，早熟，得長輩喜愛。外表美麗、英俊、喜歡熱鬧、人緣好、喜外出交遊、易早婚。

天喜入財帛宮，財來財去。若在疾厄宮，加羊刃同宮，有開刀手術的問題。

天喜運，年青時逢之，有長輩運。中年逢之，有交友運。老年逢之，較孤僻，但喜接近少年人。

天哭、天虛入命宮

天哭，屬火，屬陽。主刑剋，助巨門之凶。

天虛、屬土，屬陰。主空亡，助破軍之惡。

天哭、天虛在丑、卯、申三宮為入廟，有吉星同度則主福。遇祿存主有名。

與巨門（暗星）同宮或照會，主有喪服、增凶。流年逢之有破耗、或有喪事。

天哭入命，主性格孤僻，憂愁，好哭，勞碌。主星凶煞則刑剋破敗，一生不吉。

天虛入命，主華而不實，貧困孤寒，六親無靠，易入空門。其人體弱多病，性格懦弱，錢財耗敗，一生多虛浮，為人不踏實。

天虛與破軍耗星同度，破耗更凶。在限內，主有傷心事。哭虛入命宜僧道、醫療人員，買空賣空的生意。

三台、八座入命宮

三台，屬陽，屬土。八座，屬陰，屬土。皆主貴，為紫微帝星輔佐之星。可輔日月之光。主文章、升官，喜慶等事，主吉。

三台入命之性格為穩重、耿直、較威嚴。八座入命之性格為快人快語，爽朗，性子急，多情多義。此二星在十二宮中無失陷，同入人之命宮，或在四方三合宮位照守的人主大吉大利。此二星最喜逢紫微或日月同宮，或相照，可增貴、增光。

三台、八座若入田宅宮，主有三棟房屋並列，或有八字型樓宇及牌樓近宅。此以吉論。

龍池、鳳閣入命宮

龍池，屬水，屬陽。鳳閣，屬土，屬陽，為上天文明之星，主科甲、享受。

龍池入命宮，主其人聰明、秀麗、文雅、聲譽佳。可輔助天府、天相以增享受。

鳳閣入命宮，主其人風流聰敏，有文章之美，講究穿著，聲譽亦佳。亦輔助天府、天相，可增貴及增加享受。

此二星若居身、命宮中，有煞星沖破，龍池則主有一耳聾或耳疾現象。鳳閣主牙齒壞。此二星須在三合宮位或同宮照守才有力量，否則無力。

龍池，鳳閣入夫妻宮者，主其人以配偶為貴，有金屋藏嬌或攀龍附鳳的情況。龍鳳同宮，其主星居旺的人，亦主名聲卓著，科甲仕途順利。

孤辰、寡宿入命宮

孤辰，屬陽，屬火。寡宿屬陰，屬火。主孤寡。

孤辰忌入父母宮，否則為孤僻、頑固、六親無靠、漂泊勞碌、孤貧之人，主星為煞星同宮時，為破相、殘疾、心理變態之人。

寡宿忌入夫妻宮，否則為孤獨、無情、六親無靠、男孤女寡、相貌怪異、可憎之人。

孤辰、寡宿也忌入財帛宮，主有暗耗。其人喜掌權，因固執而破敗。孤寡入命、福，皆自私自利，外表高傲，神經質多疑，女命逢之容易守活寡。凡此二星若逢身、命宮，則主其人妻家無嗣續，夫家人丁寡。

台輔、封誥入命宮

台輔，屬土，屬陽，為台閣之星，專門輔助左輔星。主貴顯。

封誥，屬陰，屬土，為封章之星，專門輔助右弼。主貴顯。

台輔星入命宮，主其人談吐高雅，精於穿著、服飾、文筆好。且其人性剛、正直、傲氣、有毅力、有文章之美，專輔左輔以成事，增貴顯。

封誥星入命宮，主其人氣度穩重，精明幹練，注重完美，有藝術愛好之傾向。此星專輔右弼而貴顯。封誥入命會吉星時，其人一生多得記功、獎賞、容易得獎。若有化忌星同宮，尤其是文昌化忌同宮，為記過、收罰單、被公佈惡行。若是有文曲化忌同宮，為被訓斥、申誡、被流言所傷。因封誥為行為模範的代表之故。封誥在田宅遇火星，主其人於火災中，生路受阻被封。

天才、天壽入命宮

天才，屬木，屬陰，為才能之星。專門輔助天機星，主聰明。

天壽，屬土，屬陽，為長壽之星。專門輔助天同、天梁，主壽命。

天才入命宮，主其人智商高、聰明、有才藝、機靈。其人命理格局高的人，成就好。命理格局差的人，有小聰明。天才遇伏兵同在命宮，為有理講不清之人。天才遇主星化忌，神經質嚴重，近似白癡。

天壽入命宮，其人溫和敦厚，勤奮有高壽。與天同、天梁、天機等星同宮，其人為老氣橫秋之人。天壽與擎羊同宮，損壽。

恩光、天貴入命宮

恩光，屬火，屬陽，主受殊恩。專輔天魁星。

天貴，屬土，屬陽，主年少及第。專輔天鉞星。

恩光入命宮，主其人小心謹慎、穩重、氣節磊落，有文華、風流。一生多近上層社會高貴、有權位之人。專輔天魁、容易得到名利地位。

天貴入命宮，主其人略帶孤僻，性格穩重、稍偏激，能得上司寵信、任用、有名聲、人緣。

恩光、天貴二星，利於考試、名望、地位。僧道之人更喜此二星，可增功德精進。

天官、天福入命宮

天官，屬土，屬陽，主貴顯，專輔天梁。

天福，屬土，屬陽，主爵祿，專輔天同。

天官入命宮，主其人超特聰明，但喜清閒懶散的生活而失魄力。

天官、天梁同宮於命宮的人，多主先貴顯，而後遭失職處分而退休。若與天梁在三合宮位相照之人，可為學術界、藝術界之名人。若有煞星沖破，為游擊隊員或情報人員、警察臥底之輩。

天福入命宮，其人為福份自得，有福蔭之人。喜歡助人，好多管閒事、個性急躁、誠實，但反應力不佳，不夠聰明。此星可佐天同星，一生享福。

咸池、沐浴入命宮

咸池，屬陰，屬水，主桃花。在數主邪淫，又名桃花煞。主好色。

沐浴，屬陰，屬水，主桃花。為桃花忌，喜入夫妻宮，主閨房和諧，忌入命、身宮、財帛宮、田宅宮，主破耗。

咸池入命宮，主其人聰明機巧，長相艷麗，亦有美人痣，風流倜儻。如坐旺宮，主其人有文藝、學術精湛。如有空亡、煞星同宮，則為粗俗之輩。帶孤剋多疾病。

咸池與擎羊同宮，名『咸池羊刃』。主其人多學多能，亦多疾病，有傷災、夭亡之象。咸池最忌見水。如申子辰年生人及亥子水年生人，性濫淫，主刃死。咸池若坐於夫妻宮，有煞沖破，主配偶不良或因配偶受禍。

沐浴為桃花忌星，以桃花加化忌論。入人命宮，主其人妖俏多姿，美麗多淫。此星喜入夫妻宮，能助夫妻和諧。忌入田宅宮、財帛宮、主因色犯戒，造成破耗及家宅不寧，有越牆之舉。沐浴入身、命宮的人，也易好淫，行為不夠穩重、下賤。

凡人命有咸池、祿存、化祿遇六吉星同在命宮的人，主星陷落時，其人易因色情、暗昧、異性、淫亂之事而發財起家。

蜚廉、解神入命宮

蜚廉，屬火，主孤剋傷害。

蜚廉入命宮，易遭剋害，若無吉星同宮化解，主孤剋無緣。其人常遭人嫉妒，或有人造謠生事危害其人。

解神，主能逢凶化吉，解厄消災。入人之命宮，能化凶為吉。

劫煞、破碎入命宮

劫煞，屬陰，屬火，在數主小人。

劫煞入命宮，其人性格沈悶，心急而暗狠，勞碌而無口德。忌與火鈴同度，主凶殘。一生多遇陰間不吉之凶事，或遭小人暗害。其人心境不清爽，容易遇鬼犯煞。錢財遭劫財，不容易留存。

劫煞逢羊陀火鈴，為陽奉陰違之人，易有意外血光傷害。有巨門星遇劫煞，易遭小偷、盜竊、遺失等問題。

破碎，屬陰，屬火，在數主耗損不全。

破碎入命宮，主其人孤寒、勞碌奔波、福不全。一生多成敗破耗、是非纏身、心境不寧、坐立難安。做事反覆顛倒，無法得意。破碎如遇屬金的煞星，如七殺、擎羊、武曲，易摔斷手足、頭骨。破碎入夫妻宮遇煞，則夫妻感情破碎不全。

天巫、天月入命宮

天巫，主升遷，有吉星同宮增吉，否則無用。

天月，主病，天月入命宮，主其人身體欠佳。

華蓋入命宮

華蓋，屬木，屬陽。在數主威儀、穩重之相。

華蓋入命宮，其人性格較孤獨，但會有宗教信仰，為鐵齒之人，從不信邪。遇天刑、地劫、天空，則有虔誠宗教信仰。喜助弱小、剛直、口才好、孤傲。逢日月同宮，威嚴卓著，儀美端莊。但此星主孤寡，會晚婚。有紫微、破軍同宮，可做廟寺主持。

大耗、小耗入命宮

大耗，屬火，屬陽，主暗耗。

小耗，屬火，主不聚財，或失財。

大耗入命宮，其人六親不依不靠，輕視錢財，會為善而散財。此星忌在財帛宮、田宅宮、福德宮出現，會耗敗家產。紅鸞遇大耗在財帛宮、田宅宮，主遭回祿之災、賊盜劫財。

小耗在流年、流月的命宮或財帛宮位中，主不順，再逢煞星相沖，主失財、耗財。

10 其餘生年博士十二神、五行長生十二神、截空、旬空、流年歲前諸星、流年將前諸星入命宮時所代表的意義

生年博士十二神入命宮

博士：屬水，主聰明才智。入命宮者，主其人喜好文藝，可掌權多壽。
力士：屬火，主有小權。喜與化權同宮，可增輝。
青龍：屬水，主喜氣。機智增財。辰年（龍年）最吉。
小耗：屬火，不聚財，有耗財、失財之象。
將軍：屬木，主威猛，流日逢之主剛強佔上風。
奏書：屬金，主福祿，因文書而有吉事產生。
飛廉：屬火，主孤單剋害，有遭人嫉妒引起口舌是非之象。
喜神：屬火，主延續，主吉，有吉慶之事。
病符：屬水，主病災。流年、流月逢之有病災。亦不喜入人之命宮、疾厄宮、

福德宮。

大耗：屬火，主有大破耗。不吉之事。入人命宮，主其人注意力不集中，常遺失物品。與桃花星同宮，有因色失敗、淫禍敗事。

伏兵：屬火，主口舌是非，暗箭傷人，其性質類似陀羅。

官符：屬火，主訟事。不喜與七殺、白虎、喪門、弔客同宮，有口舌刑杖、官非、獄事，亦主因刑傷亡。

五行長生十二神入命宮

長生：主生發。入諸宮皆吉，忌落空亡。喜與天機同宮。

沐浴：主桃花。宜入夫妻宮，忌入身宮、命宮、財帛宮、田宅宮。

冠帶：主喜慶。喜居命宮，主其人事業有成，增貴。

臨官：主貴、吉慶。入十二宮皆吉。

帝旺：主運氣強旺。流年、流月、流日逢之，主其人氣勢強，運氣好、身體健壯。

衰：主頹敗、衰弱。忌入少年運程，有無法振作進取之現象。

病：主疾病。忌入少年運程，會身體不佳。

死：主無生氣、死亡。忌入命宮及少年運。

墓：主欽藏。喜入財帛宮、田宅宮。忌入命宮，主鬱悶。

絕：主滅絕。入命宮、子女宮不吉，絕嗣、孤獨。

胎：主萌發，主喜。有增益之象。喜入子女宮、田宅宮。晚年運忌入疾厄宮。

養：主福厚，利於培育、生產，十二宮皆吉，主希望。

截空：為空亡，主萬事皆空。流年、流月逢之，錢財、事業、姻緣皆受阻。

旬空：為空亡。入人命宮主夭折、短命。喜入疾厄宮，病少。

天傷：屬陽，屬水。主虛耗、破耗。此星只在僕役宮，因此為因交際而產生破耗。

天使：屬陰，屬水，主災禍。此星只在疾厄宮。主因病成災。

流年歲前諸星入命宮

歲建：屬火，主一年休咎。忌與命宮相沖照。此星管一年之禍福。

晦氣：主咎。喜有吉星同宮化解。

喪門：主喪亡。亦主孝服、妨妻、剋妻。主驚嚇。

貫索：主獄災。被困、因病入院。喜吉星化解。

官符：屬火。主訟事。亦主官非、刑杖、受罰。喜吉星化解。

小耗：屬火。主小失，忌與凶星同宮，須吉化解。
大耗：屬火，主大敗。忌入命宮、身宮、財帛宮、田宅宮，主破財。
龍德：主化凶為吉。喜入命宮、身宮。
白虎：屬金，主凶。主刑剋傷害。喜吉星化解。不喜與喪門、官符、弔客相照會，有災禍。
天德：化凶為吉，喜入命宮，流年遇之，對桃花有抵制作用。
弔客：屬火，主孝服或不順之事。
病符：主疾病，有小病災。

流年將前諸星入命宮

將星：主化凶為吉。入命宮，主武貴。文人逢之不吉，但不忌諸凶。
攀鞍：主功名成就。有逢凶化吉之力量。入命宮，主武貴。
歲驛：主遷動。在人之命宮、身宮主遷移、變動。此星即流年的天馬。在流年命宮及流年遷移宮中，主奔波、遷動。
息神：主消沈。入人之命宮，主其人無生氣。
華蓋：主孤高、思想獨特，喜哲理與宗教思想。入人之命宮再有紫微、破軍同宮，為宗教領袖。

劫煞：主盜災，不利錢財。
災煞：主災患，為錢財上遇小人。
天煞：主刑剋父、夫。忌入命宮、身宮、夫妻宮。
指背：主誹謗。忌入身、命宮，易遭流言所傷。
咸池：主桃花、好色、邪淫。忌入身宮、命宮、財帛官、福德宮、不吉。
月煞：主剋母、剋妻。忌入命宮、身宮、父母宮、夫妻宮。
亡神：主耗敗錢財。主一年禍福。

11 命理格局全覽

子宮

1. 君臣慶會：紫微、左輔、右弼同在命宮。亦或紫微在命宮、左輔、右弼在左右相夾。此格局在別宮亦能相見。又稱紫微守命，得天相、昌曲同宮或在左右相夾，吉星逢之多者亦稱之。

2. 水澄桂萼：太陰在水鄉居『子』坐身、命宮者（同陰坐命子宮），可得清要之職、忠諫之材，稱之。

3. 月生滄海：太陰在子宮守田宅宮即是此格。

4. 輔弼拱主：紫微坐命，而有左輔、右弼在三合宮位來拱照。相夾亦算之。

5. 泛水桃花：貪狼居『亥、子』宮水鄉，稱之。主邪淫、桃花運強烈。

6. 石中隱玉：巨門居『子、午』二宮坐命，須得三合宮位中有化科、化祿照合者富貴。

7. 刑因夾印：廉貞、天相遇擎羊或有天刑同宮或對照者稱之。

8.陽梁昌祿：命坐太陽或天梁，有化祿、祿存、文昌星在四方、三合宮位中相照守者稱之。另命理格局中，其他宮位如對宮加四方、三合宮位有上述四星者亦可稱之。

9.日月反背：太陽在申、酉、戌、亥、子，太陰在卯、辰、巳、午、未、申，皆日月無輝，須再看本宮三合有無吉星、化星拱照，不加煞忌之星者，稍可富貴，但亦貴而不顯，苗而不秀。

10.運逢大耗：此即鄧通命造，安命在子宮，有大耗同宮，更有煞星侵臨，而大小限又逢此宮，鄧通餓死外鄉。

丑宮

11.日月並明：如天梁坐命在丑宮，有太陽在巳宮，太陰在酉宮，來並明朝照者稱之。辛年生有太陽化權在巳宮，祿存與太陰在酉宮，同來朝照為美格。

12.日月科祿：日月丑、未宮安命，有化科、化祿來同宮即是。亦須三合宮位有吉星相照合才有富貴。又如命理格局中，太陽、太陰皆在旺位者，稱之。

13.日月同臨：若日月在丑，而命坐未宮。而日月在未，命坐丑宮者，即稱日月同臨。丁、戊、庚、辛年生人多富貴。

14.鈴貪並守：鈴星、貪狼同坐命宮，而在寅、午、戌宮安命者，以午、戌宮皆居廟旺之位，最佳，有將相之名。

15.祿權生逢：命宮中同有化祿、化權坐命居廟旺即是。例如武貪坐命丑、未宮，己年生之人有武曲化祿、貪狼化權坐命宮即是。

16.擎羊入廟：擎羊在丑、未、辰、戌宮居廟地坐命者即是。

17.坐貴向貴：如坐命丑宮有天魁坐命，未宮有天鉞相照者稱之。

18.文桂文華：文昌為文桂，文曲為文華，如同在丑、未宮並坐安命逢之即是。有文章之美，九重貴顯。

19.府相朝垣：例如空宮坐命丑宮，有天府、天相在巳、酉來朝拱。或是在未坐命，卯、亥宮有府相來朝拱者即是，富貴必然，加殺不入格。

20.路上埋屍：此為『廉、殺、羊』格局。廉殺在丑、未宮，有擎羊同宮或相照者。廉府在辰、戌宮，有七殺相照，再加羊刃者稱之，此有死於外鄉之險惡，今人以此斷車禍發生之災禍日。

寅宮

21. 朝斗仰斗：七殺在寅、申宮坐命，對宮有紫府雙星。七殺在『寅』宮為『七殺仰斗』格。七殺在『申』宮，為『七殺朝斗』格。入格者有將相之貴。若入其他宮位不算。

22. 天祿朝垣：例如甲年生之人命宮在寅宮，甲年祿存在寅宮守命。庚祿居申，又坐命申宮者。乙祿居卯，又坐命卯宮者。辛祿居酉，又坐命酉宮者，此四種祿存同坐命宮者稱之為『天祿朝垣』。其他宮位者不是。

23. 科祿巡逢：命宮中有吉星坐守，三合宮位中有化吉之星再加化科、化祿、化權等相照者稱之。

24. 金輿扶輦：紫微坐命，前後有日月來夾即是。命宮居寅、申宮紫府坐命，前後有太陽、太陰來夾即是此格。以命坐申宮較佳。

25. 財祿夾馬：天馬守命，有武曲財星、祿存或化祿來相夾者即是。財星、祿星須生旺尤佳。

26. 祿馬佩印：天馬與祿星（化祿及祿存）、天相（印星）同宮即是。如武相坐命寅宮在甲、己年，三月、七月、十一月生之人，有『祿馬佩印』之吉格。

27.兩重華蓋：此謂有祿存、化祿同坐命宮，又遇天空、地劫同宮的命格。

28.財蔭夾印：天相守命，有武曲、天梁來夾者即是。又如武相坐命寅宮有天梁相夾者亦同。

29.合祿鴛鴦：如祿存、化祿其中一位居於夫妻宮，再有祿星在三合宮位來照合者，主富貴。

30.合祿拱祿：祿存與化祿在財帛宮、官祿宮來照會命宮稱之。亦或是命宮中有祿存或化祿，而遷移宮另有祿星拱照，皆主富貴。『合祿拱祿堆金玉』即是此格。

31.紫府朝垣：如武相在寅宮安命，午宮有紫微、戌宮有天府來朝照者稱之。另外武相坐命申宮，紫微、天府在子、辰二宮來照者亦是。此格亦稱『人君訪臣』格。

32.祿馬交馳：例如甲祿在寅，而申、子、辰年生之人天馬亦在寅宮，坐命於此寅宮之人，稱之祿馬交馳。

卯宮

33.日出扶桑：太陽在卯宮坐命即是。太陽在卯宮為官祿宮亦是。

34.機巨居卯：天機、巨門坐命卯宮，此為破盪格、主白手起家，不依祖業。又更遇昌曲、左右為上格，能登公卿之位。

35.日照雷門：太陽坐命卯宮，三合宮位中有昌、曲、左、右、魁、鉞守照，富貴榮華，一世昌榮。

36.文星暗拱：命宮中有吉星，而遷移宮、官祿宮、財帛宮中有文昌、文曲、化科來朝拱者即是。

37.丹墀桂墀：丹墀為太陽，桂墀為太陰。若太陽居卯、辰、巳宮，太陰居酉、戌、亥宮，身命遇之，即是。更見昌曲、魁鉞尤佳。

38.極居卯酉：紫微為北極星，若在卯宮或酉宮坐命，再加殺星，主為僧道住持。無殺加吉化星，再加左右、魁、鉞之人主貴。

39.貞居卯酉：廉貞坐命卯、酉宮，必與破軍同宮，必作公門胥吏。

40.十干化祿：如命宮中有化祿，又有祿存在對宮、三合宮位照合，亦或是同宮者，主榮昌。

41.眾水朝東：若身、命宮居寅宮、卯宮，遇昌、曲、破軍同宮，再有刑殺之星沖破，主其人一生驚駭，終身辛苦費力、窮困。

42.桃花犯主：紫微與貪狼在卯、酉宮桃花地同宮坐命者稱之。

43.丹墀折桂：太陽在卯，太陰在亥，而命坐未宮者，主富貴，稱之。

44.武曲守垣：武曲守命於卯宮，餘不是（此為武殺坐命）。

辰宮

45.貪火威邦：在辰、戌、丑、未宮有貪狼、火星坐命稱上格（為雙重暴發運格）。

46.武曲廟垣：武曲在辰、戌宮安命居廟地即是。

47.出世榮華：有化權星、化祿星同守命宮、身宮、財帛宮、福德宮等，且為入廟，有吉星相扶都稱之。

48.財與囚仇：武曲坐命，身宮有廉貞。亦或是廉貞坐命，身宮為武曲。因廉貞火剋武曲金，稱『財與囚仇』。

49.衣錦還鄉：其人少年不遂，四十歲後行墓運發富即是。

50.日月照壁：太陽、太陰臨田宅宮即是，居四墓庫宮更佳。

51.擎羊入廟：擎羊在辰、戌、丑、未宮坐命，且遇吉星照合即是。

52.鈴貪羅武：指鈴星、貪狼、陀羅、武曲在辰、戌宮同宮，大小限至辰、戌宮會遭水厄，有死於外道之象。

53.左府同宮：在辰、戌宮有左輔與天府同宮，三合宮再有吉星拱沖即是，主居極品之貴。

54.天羅地網：大小限行至辰、戌宮，逢武曲、貪狼，再有太歲、喪門、弔客、白虎、劫空及四殺一同沖照，其限最凶。

巳宮

55.夾月夾日：如太陽、太陰在命宮、身宮前後相夾，不逢空劫、羊陀、火鈴沖剋者，主貴，稱之。

56.半空折翅：天空坐命，兼有羊陀相夾之惡格，有化忌在對宮沖照，更凶，天折之命。

57.風流彩杖：廉貞、貪狼、陀羅同居巳、亥宮居陷位者稱之，主淫蕩。

58.堆金積玉：祿存星在田宅宮、財帛宮稱之。

59.祿逢兩殺：祿存、化祿坐空亡，又逢天空、地劫等煞星即是。

60.馬落空亡：天馬落空亡，雖有祿星來沖照為無用，依然奔波無財。如甲年生人之截路、空亡在申，又安命在申宮即是。如辛丑年生人之截空在巳，空亡亦在巳，又安命在巳宮者即是。

午宮

61.金燦光輝：太陽單守午宮坐命即是。

62.日月夾財：武曲守命，有太陽、太陰來相夾即是。夾財帛宮亦可。

63.馬頭帶箭：擎羊坐命午宮，對宮有天同、太陰相照即是。可威鎮邊疆，武職崢嶸。

64.貴入貴鄉：若身、命宮中有天梁在午宮，又兼化權、化祿，必富貴。

65.日麗中天：命宮坐午宮，有太陽入命，庚辛年生人有化祿、化權在命宮，富貴全美。

66.曲遇梁星：文曲、天梁同宮坐命午宮為上格。或天梁在午、文曲在子拱沖者，有二品之貴。

未宮

67.三合明珠：如命宮為空宮在未宮（昌曲坐命未宮），而太陽在卯，太陰在亥來相照者即是此格，亦稱『明珠出海』格。餘者不是。

68.日月並明：如命宮在丑宮，有太陽在巳宮，太陰在酉宮來朝照命宮者稱之。

69.祿居奴僕：若身、命宮主星不強，而奴僕宮又有祿存、化權、化祿等吉曜居之，主人勞碌奔馳。

70. 耗居祿位：耗星（破軍）守官祿宮，又逢刑星、化忌。並以寅、午、戌年生人命坐午宮（七殺坐命午宮）。巳、酉、丑年生之人命坐酉宮（武殺坐命酉宮）。亥、卯、未年生之人命坐卯宮（武殺坐命卯宮）。申、子、辰年生之人命坐子宮者即是此格（七殺坐命子宮）。

71. 吉凶相伴：命宮有吉星，但大小限行運，限運皆吉者，則發。限運皆衰者則不發稱之。

申宮

72. 生不逢時：命宮中之廉貞星與空亡同坐命宮即是。

73. 巨宿同梁：申宮立命，而子宮有天同，寅宮有巨門、辰宮有天梁，稱之。再得科、權、祿、左、右拱照沖合主貴。此為項羽命造（此為『紫微在巳』命盤格式）。

74. 祿倒馬倒：祿馬臨敗絕之地，流年又逢天空、地劫，稱之。主災禍多，發不了財、留不住財了。

75. 劫空臨財：天空、地劫在財帛宮、福德宮即是，主人貧賤。

酉宮

76.因財被劫：武曲、七殺同宮於卯、酉宮稱之。再加羊刃亦是。

77.羊陀迭併：例如庚年生之人，其命宮在卯宮，遷移宮有擎羊相照。如遇羊陀流年，原有酉宮擎羊沖照，再遇流年羊陀，謂之『羊陀迭併』，有雙重羊陀運限之故。

78.陰隲延壽：有人在流年、流月命至凶地將死，但因做善事修德業，而延壽不死者稱之。

戌宮

79.七殺重逢：例如命宮的三合宮位中有七殺照守，而流年又有羊陀沖照，或七殺二度照合，若又在卯、酉陷宮，羊刃也居陷，其禍最凶，有凶死夭亡之象。

80.君子在野：四殺（羊陀、火鈴）守身、命宮、且臨陷地。

81.天府臨戌：如甲、己年生之人安命戌宮有天府星坐命即是，再要有昌曲、左右、魁鉞、權祿來扶，主大富貴（此為廉府坐命戌宮的命格）。

82.日月藏輝：即『日月反背』又加巨門暗星稱之。

83.風雲際會：身、命宮之主星雖弱，但大限，流年逢祿馬即是。
84.錦上添花：大小限逢破軍惡星行吉地居旺稱之。
85.步數無依：大、小限前限接後限皆不妙稱之。
86.祿衰馬困：大、小限逢七殺、祿馬、空亡同宮即是。
87.水上駕屋：一年好，一年不好，財運虛空。
88.枯木逢春：言其人命衰，流年好。

亥宮

89.月朗天門：太陰坐命亥宮，更有三合吉星拱照，主大富貴，稱之。
90.絕處逢生：若水、土之人安命在巳宮為絕地，而金長生在巳，金可生水救之，即是。凡寅、申、巳、亥為四絕，又為四生，故命在此四宮可逢此格。
91.祿逢沖破：若命宮有祿存，或三合宮中有祿星，卻被化忌星來沖破稱之。
92.命裡逢劫：命宮中有地劫守命，一生如浪裡行船，多波折不順。
93.蟾宮折桂：太陰與文曲同宮於夫妻宮，男子可得女性之助而增富貴。

12 論命要法

『論命』一向是在細心排列命盤、佈星成局，推敲星辰旺弱座次，格局成形以後的最後一個階段了。這也是展現成果最重要的一個階段。

『論命』的方式，因古代與近代人文社會的不同，以及經濟生活的形態不同，因此所注重的命理需求也不一樣。例如古代有科舉制度，經濟不發達，一般老百姓要求富貴，一定要從登科入仕以謀進取，想要大富大貴並不容易，一般人也以從商為下品，以官貴為貴。因此『論命』的方式以『官貴』為主。

現代人因經濟發達，從商致富，以致顯達趨貴的人較多。現代人以事業有發展，有成就為『貴』。這一點是和古代人不一樣的。

再則，現代人也以『富』為『貴命』。成為億萬富翁後，自然高居上層社會名流、政商相互交流，地位互換的情況極為普遍。這在古代封建社會裡貴官賤商，尊儒重道，視商人為市儈的觀念相距甚遠。因觀念的不同，人類對命理的需求也不同了。但是儘管有如此的差異，人類對於求富求貴還是具有極大興趣的。對於運氣的變化，人生的起伏，前程的預知仍然懷有無限神秘渴求的企望。因此無論時代如何變遷，富貴顯榮終究還是人類精進奮鬥的精神目標。

現在試就以古代論命之方法和現代論命之方法加以解說。事實上，古代重『官貴』，在現代人走官途、政治路途、公職人員階層的人還是用得到的。而現代論命則主要是以一般大眾為主要對象，而展現的新的論命面貌罷了。

古代論命要法分四個方式

1. 談星要論

論命時，首先看星曜在各主要宮位的情形。

第一個步驟

最重要的先要檢查此人的命宮及身宮中有沒有祿星（化祿及祿存）、財星（天府、武曲、太陰）與天馬。這些星不能與空亡、天空、截空同宮或相照。此為『祿馬落空亡』，是最凶的，富貴皆休。其次有旬空與其同宮與相照是次凶的。

第二個步驟

第一：要看命宮主星是吉星或凶星，是否居廟旺之位？以及四化星在何方位。是否在命宮中有祿、權、科、忌等相助相剋的星曜？

第二：要看身宮中之星曜吉凶，是否有相生相剋的情形？

第三：要看遷移宮、財帛宮、官祿宮之三合宮位中是否有刑星、煞星來刑剋沖破。

第四：要看福德宮中有沒有化權、化祿？有沒有和地劫、天空同宮？以及此權星、祿星的主星是否在廟旺之位？或陷落之位？主要是因為福德宮與財帛宮對照。有劫空對照，財富成空之故，權祿成為無用。主星再居陷位更苦。

身宮、命宮、遷移宮、財帛宮、福德宮、官祿宮，此六宮稱為『八座』，都在相互對照成局的位置。此六宮中吉星多的，則一生富貴，且有高壽。倘若六宮都有主星居陷，且凶星、煞星、化忌相互沖照影響，此人一生只有夭壽孤貧之象了。這是看命中有沒有富貴？守不守得住富貴的看法。

其次，我們要看父母宮、夫妻宮、子女宮，這三宮的宮位中有沒有天空、地劫、殺星、化忌出現，否則很容易成為僧道之命或孤獨貧窮之人。因為父母宮中有空劫、殺忌之星，主與父母無緣，不和，幼年失怙失恃，幼年運不好。夫妻宮有空劫，殺忌之星的人，主孤寡。子女宮中有空劫、殺忌之星的人，主絕嗣孤寡。

倘若命宮中無正曜主星的人，而其財帛宮、官祿宮有吉星拱照，則是偏房庶子，或是被人收養，或是為別人所帶大（不是親生父母帶大）之人。長大後也會有富貴全美的格局。倘若命、財、官三方沖照惡星，會改姓（隨母他嫁或為人養子），其人離開原先的家庭，自可自立成家而順利。這主要是因為與祖上有刑剋的問題。

第三個步驟

看命格高低

第一等命：命宮中有正曜吉星廟旺又加化科、化權、化祿的人，三合宮位中又有吉星來照會者，為上上之命。

第二等命：命宮中若無正曜吉星（空宮坐命），三合宮中有吉星居旺來照守命宮的人，為上次之命。

第三等命：1.命宮中之主星無吉，也無凶，（吉星陷落算無吉）或者是命宮中有吉星也有凶星，各佔一半，而在其三合宮位中有中等星辰相照的人為中格之命。

2.命宮中主星居廟旺，但三合宮位中有凶煞之星守照，成為破格的人，亦為『中格之命』。

3.命宮中之主星居陷、或有日月反背之格局，再加羊陀、化忌、劫空在命宮，卻有祿存、化祿在命宮相守的人。這必須是吉星化祿相守的人，才為中等之命。例如太陰居陷坐命即是。

4.命宮中有凶殺、化忌居命宮，但三方有吉星相照者，為中等趨下之命格，其人運程會先小後大，但不能長久，亦可能最後成敗不定，以至於中途夭折之命。

第四等命：命宮中沒有吉星，也沒有祿星，卻有凶煞之星又居落陷之位的人，為下格之命。

第五等命：命宮中主星為凶煞之星居陷地，又有化忌同宮。其三合宮位中又有羊陀、火鈴、劫空來相會照的人，是最下下格之命，主其人貧賤，二姓延生（改姓），奴僕之命，亦或是夭折之命。

2. 以入格論命

命宮中之主星若能為吉星居廟旺，形成吉格者（如君臣慶會，輔弼拱主）等格局者，再有化科、化權、化祿在三方照守之人，為上上之命。

命宮主星不入廟（只在旺位、得地之位）有化科、化祿、化權，再加吉星同宮者，或科權祿三合照守之人，為上等略次之命。

命宮中之主星者不入廟，又沒有吉星同宮或照會的人，是平常人之命。命宮主星入廟位，而沒有吉星相照會的人，平常之命。

命宮中之主星居陷又加煞星、化忌，為下格之命，以為『不入格』論之。

命宮中形成格局，但有化忌同宮或相照，只以本命之吉凶多寡來論斷了。

3. 論格星數高下

命宮中之主星若入格，形成格局者，再以其中之星曜須與『數』相合者為上格。

例如紫微為南北斗中之天帝主。而天府為南斗主，一為陽，一為陰。命宮中陰陽各一半又都遇吉星者為吉格、上格。若格局中之星曜陰陽不相半，其數則不相生，是為下格。

再有四正三合宮位中須皆為吉星者為上格。凡陰陽不協調及吉凶各一半者相守照的，為中格。吉星少，惡煞之星多的為下格，其人以凶惡之徒論命。因此，凡是命中有上等格局，又加『數』為吉者（陰陽相半皆為吉星）的人，為上格，是第一等命造。而命中之星有上等格局，而『數』得中格（吉凶各一半），為第二等命造，可至三公（政府各院長之輩）。命宮中主星成格局，而『數』得下格者，為第三等命造，可至六卿（機關首長）。凡上格之人，也容易得高壽。

命宮中之主星成上等格局（如『陽梁昌祿』格）者，而其『數』得下格者，為第四等命造。可做政府中級公務員。而命中星曜為中等格局，而『數』又為中格的人，可做下級公務人員，為第五級命造。

命宮中之星曜形成中等格局，而『數』為下格者，為第六等命造。此人是走異途顯達的路子，富貴顯達也都是中等型式，為可享福的命造。

再就是命中星曜形成下格，而『數』得上格者，為第七等命造。其人會衣食豐足，一生富足多金，子孫繁盛，並享有高齡。此命若有命中星曜雖為凶星，而以文格入格局，是為合局。不然也是虛名虛利度一生。例如羊刃坐命，而有『機月同梁』格的人，又形成『馬頭帶箭』格者，此人為第七等命造，有官有利，但較虛浮。

命中星曜形成下格，而『數』為中格的人，為第八等命造，衣食不缺。命中星曜形成下格，而『數』亦為下格的人，為第九等命造，是辛苦奔波、貧窮、夭折之命造。

命格中之上格、中格、下格，可依格局成形、數理陰陽而斷吉凶。由命斷可知其祖宗之善福，亦可預知其人子孫是否昌盛、刑剋，可得知之事甚為繁多了。

4. 論男女命之異同

古時以為男女命造各不相同，命中星曜所須也各自有別。這是因為女性必須依靠男性生活，以夫為貴，一生以家庭為命造格局之故。

古代男命看法

男命論斷，必先看身宮、命宮。其次看財帛宮、官祿宮、遷移宮，俱要主星居廟旺為吉格。命中主星為敗星、陷落、聚凶煞之星於上述宮位者，為凶險之命。

第三，要看福德宮，是否有吉星加權、祿、科等化星居廟位？還是有劫空，主星居陷，加化忌？前者為吉，後者為凶。

此外再看田宅宮、夫妻宮、疾厄宮等閒宮。

最後要看父母宮、夫妻宮、子女宮是否有劫空、殺、忌等星相照守，此命很容易成為孤獨偏向僧道的命造。不然也會貧窮劫然一身。每一個細節必須細細參詳、思考，才可以斷定其人一生的禍福榮辱。

古代女命看法

女命先看命宮、身宮中之主星是吉星或凶星。如果是貪狼、七殺、擎羊坐命的人，則命格不美，其人性格較凶悍。

其次要看福德宮中的星曜是吉是凶。若有七殺單星坐福德宮，會為娼妓為婢女。第三，要看夫妻宮。第四要看子女宮、財帛宮、田宅宮。若有桃花星加刑星、殺星、耗星、敗星、空劫、化忌居『夫、子、財、田』，則不佳，有刑剋、絕嗣、淫賤、貧困之兆。若是命宮主星為吉星居廟，而『夫、子、財、田』俱不佳，則依然是艱苦貧困，但不為下賤、夭折命來論斷了。

古代女命因夫而貴，主張女命為貴格反而為無用之命。而以子女宮、夫妻宮、福德宮為強宮。再以田宅宮、財帛宮為次強之宮位。並以官祿宮、遷移宮為閒宮。並以化殺為權在此二宮中為居陷之命造。（此即為女子無才便是德的觀念所致，今人此部份論女命與男子同，因今日女強人多，重事業、財富賺取的能力強，是故以男女同命論！）

今人論命方式

今人論命當然也配合古人論命之技巧與步驟，首重命宮、身宮之主星正曜吉凶、祿馬交馳的狀況，次看『命、財、官』三方照守的星曜吉凶，以定前程遠近顯達，再繼看『夫、遷、福』的天命擁有吉福的吉度，以及自身得到的享受福份。最後再看『兄、疾、田』的相助力量。（此為兄弟手足之義，身體強弱，先天財庫幫襯的相助力量）最終要有『父、子、僕』的通氣有無。父母宮是上為祖蔭福德，是我們得以承受的照顧的福份。子女為我們所出，居下為出氣。僕役為朋友，為部屬，是照顧我們的，與須我們所照顧的兼而有之的人。倘若此三宮皆吉星入座，則進氣進財，出氣出財，形成通氣順暢的形局，這才是完整的命運、氣血循環暢通的命理模式。否則有煞星多居此三宮位的人，為通氣不順，亦不能為福相助命運了。

今人論命與古人論命還有一個主要的不同。

今人論命注重對象的不同『需求』以論命。譬如說做公職、從政治，須參加考試、選舉、謀官職、教職進取的人，我們將之列入『求貴』的行列。則以『

求貴』格局來分析斷定。

現今做生意，開創企業、公司、財團的人，以經濟導向求財富的人更佔極大多數，我們將之列入『求富』的行列。則以『財局』及『偏財運格』來分析斷定。

另外，現今社會倡導男女平等，女子的能力在二十世紀實已進步得與男子並駕其驅了，許多女強人在商場上、政治場合也都能有所表現，並且她們也對富貴有同樣的需求。是故現今女命的論命方式，實在已脫離封建制度的桎梏，而與男命是相同的論斷方式了。

今人論命方式步驟

第一個步驟：先斷其命宮是『主貴』還是『主富』的格局。

『主貴』的格局

此格局主要以『陽梁昌祿』格在命盤中形成的模式為主要依據。這個格局最主要的效果是幼年可得到良好家庭環境的照顧、讀書成績較佳，知識、學識較高深，會擁有較高的學歷。成年工作時能得到師長、上司、貴人的拔擢錄用，工作運好。在升官運上尤其須要上司、貴人的拔擢幫助，官運較會亨通。

在『陽梁昌祿』格中，以命宮正坐此格，而以此格局中之『太陽、天梁、文昌、祿星（化祿主星居廟、祿存），全部星曜居廟地著為上上之格，有極品之貴。而以有一星居陷不旺為次上之命。

在『陽梁昌祿』格中，太陽居陷而天梁居廟地者，讀書、行官運時，多坎坷怠滯之現象，亦有貴而不顯，苗而不秀之狀況。天梁居陷、太陽居旺者，主其人官運可貴，外表華麗，但無貴人相助，獨缺臨門一腳之功力，須待運程轉強可成功。太陽、天梁俱在弱宮、陷位者，為一平常中等之公職人員。

命格中『陽梁昌祿』格之祿星若為化祿星，須看其主星的旺弱。財星化祿居廟地者，有官貴、有祿爵財富，財官並美。若為廉貞化祿、天梁化祿、巨門化祿，這些不屬財的主星化祿時，只能增添官貴之喜，在財富上並不會因官貴帶來更多的錢財。因此只是中等格局。

在『陽梁昌祿』格中之化祿主星為財星居陷，或運星化祿居陷，以及囚星、耗星、暗星化祿居陷時，如貪狼化祿、太陽化祿、天梁化祿、廉貞化祿、巨門化祿、破軍化祿居陷位時，此為中格中之下局。此時更須看四正、三合之宮位，有無再有煞星沖剋而定。若無煞星沖剋者，仍在中格之位。若有煞星沖剋者，即入下格之位了，此即為平常人之命。此人即或稍有讀書學歷高者，但一生沈浮不定。

在『陽梁昌祿』格中，四星俱陷者為此格之下等格局，其人在行『陽梁昌祿』格運之流年中，尚可考試登科，但一生中少有行官途公職之機會。

『陽梁昌祿』格必須還要與『機月同梁』格相互配合交馳，方為至美，從官職有望。可步步為營，按步就班的高陞。

『陽梁昌祿』格若再有『機月同梁』格、『武貪格』或『火、鈴貪格』等暴發格同在命盤格局中的人，必會以武職增貴，或是從商致富再轉入政治圈而主貴之人。此命多半是文武全才，亦或是大企業的領導人命格。暴發格的力量很大，有異途顯貴的現象。《法雲居士所著『如何掌握旺運過一生』及『好運隨你飆』對此『主貴』運格有詳細分析解說》

『主富』的格局

『主富』的格局有很多，如『祿馬交馳』、『財印拱身』、『財蔭夾印』等。最重要的是財星化祿居廟地坐命，或有祿存坐命，三合、四方再有吉星來相照，而無煞星沖剋者，為『主富』格局的上上之命，不但富有多金，而且六親緣份好，且有高壽。但此命極為稀有。

在『主富』的格局中，最不能少談的便是『武貪格』、『火貪格』、『鈴貪格』等暴發運格。這些暴發運格能將人之事業成就與財富推至更高更旺、更上幾層的上等命格之中，堪稱為奇蹟式的人生。

『武貪格』

『武貪格』在所有暴發運格中，應屬極為強勢的旺運運格，它不但能主富、主貴的力量也是旺壯一流。此運在武職軍警人員及生意、企業主的身上發揮強勢的旺運力量，在命理上多稱此之異途顯達的模式。

『武貪格』的暴發運的旺運力量中，不但包含『財』的成份，也包含『貴』的成份。並且『武貪格』的暴發型式多半以事業上的暴發，繼而帶來財富的多得。這是一種必須付出勞力、辛苦、汗水而得來的暴發運。因此此種暴發運也必須兼具了智慧、才藝、先投資，再加上辛勤勞碌與堅持才能獲得的成果。這是和『火貪格』、『鈴貪』格大大不同的一點。而且『火貪格』、『鈴貪格』多半得到的是錢財。而『武貪格』所得到的暴發成果則不同，他得到了權勢、地位、名聲，最後才是財富。

『武貪格』暴發運只會在辰、戌、丑、未四個年份暴發。因武曲、貪狼在此四個宮位相遇時，皆是居廟地之位，因此爆發力非常之強，它是所向無敵，望者披靡的一面倒的狀況而形成的。

『武貪格』除了它自身有擎羊、化忌同宮或相照來形成破格，否則外力是無法阻擾它，壓抑它不爆發的。

『武貪格』若再有火星、鈴星同宮，其聲勢更龐大，會有雙倍的暴發運。但是在『武貪格』中，火星、鈴星與武曲同宮時，也會引起刑剋財星的困擾，此種現象多半會造成六親緣份的孤剋，其人性格的怪異、心思混亂等現象。而這種現象實際也是『因財被劫』所造成的結果。

『武貪格』有擎羊同宮或相照時，為破格，會不發或發得較小（一般還是會發）。有化忌同宮時亦為破格（不發）。有武曲化忌，在其人有暴發運的時日，都有金錢不順、金錢是非相擾的困境。而有貪狼化忌的人，常會因暴發運的爆發而帶來災禍。

有武曲化忌的人，常感覺不到暴發運。有貪狼化忌的人，卻常因有一點好運而被是非災禍所掩蓋了。這種破格格局實在是已浪費了此種旺運。

『火貪格』、『鈴貪格』

『火貪格』、『鈴貪格』在暴發運格中，多半屬於金錢上的暴發，亦屬於和文人、文職稍有一點關係的暴發運，再就是『火貪格』、『鈴貪格』比較會帶有一些賭博性質。這和具有『武貪格』的人所有的頑固拒賭的性格，是有差異的，具有『武貪格』的人以賭博為恥，縱然暴發旺運而事業有成，得到財富，也認為是自己辛苦所得，絕不是僥倖得來的。而有『火貪格』、『鈴貪格』的人，心態上僥倖的成份比較多，因此這是不一樣的成功方式。

『鈴貪格』實際上比『火貪格』的暴發力更強，獲財數更多，更大。

貪狼是運星、好運星、偏運星。貪狼在丑、未、辰、戌宮為居廟地。在子、午宮居旺。貪狼在寅、卯、巳、申、酉、亥為居平陷之位。火星、鈴星則是在寅、午、戌、宮居廟。巳、酉、丑宮居得地合格之位。在子、卯、辰、未、申、亥為居平陷之位。因此我們可以看到『火貪格』、『鈴貪格』真正只有在寅、午、戌三宮同宮時才會有極旺的偏財運，可暴發多得較為龐大的財富。而在卯、巳、申、亥等宮，則因火、鈴、貪皆居平陷之位，所暴發的偏財運就較弱小了。

擁有『火貪格』、『鈴貪格』的人皆具有好賭博的特性，因為常自覺好運很多，沒幾年就發一次，因此凡事賭一把，說不定就壓對寶了。是故他們也『好貪』。但是殊不知暴發運格皆有『暴起暴落』的必然性。起落之間，落差很大，而人生最大的一次暴發運及偏財運也只有一次機會。因此善用機會的人，得以利用『暴發運』以三級跳的速度更上層樓。而嚐過一次甜頭後，始終在等待好運及第二次機會的人，則永遠落入懷舊憶往那第一次暴發運甜頭的陷井之中，無法清醒過來，抓住人生的方向，故而暴發運格能幫人也能害人，這就像水能載舟，亦能覆舟是同樣的道理了。

《欲知偏財運格的形成與爆發時間，請看法雲居士所著『如何算出你的偏財運』、『驚爆偏財運』及『好運隨你飆』、『好運跟你跑』等書》

第二個步驟：斷其人一生運氣好壞，富貴大小的曲線圖

人生波段震動的『殺、破、狼』格局

『殺、破、狼』格局在人生中佔有極其詭異、卻又叫人難以抗拒抵制、無形無影的超級靈異力量，它像一隻魔手，每四年推動你一次，但每一次你所感受的吉凶都可能是不一樣的感受。

七殺、破軍、貪狼這三顆星，都可說是凶星，具有剛毅無比、殺氣重、化殺為權的特性。我們可以從命宮坐在『殺、破、狼』格局上的人之性格特性來體驗這種特性。

命宮中有七殺星坐命的人，（包括紫殺、武殺、廉殺坐命的人），皆有其性格頑固，對事業、生活中的細節都很仔細操勞、努力的打拼著，他們對於成

功的渴望，和完成人生奮鬥目標，有與生俱來的奮鬥原動力和使命感，因此不得不接受命運之神的安排，催促自己完成使命。

命宮中有破軍星坐命的人，（包括紫破、武破、廉破坐命的人），皆有好戰掠奪的生命力量，這是因為破軍星也是戰神的緣故。他們皆有頑固於極力向外開展，就算是要破壞了原有美好的事物與建設也在所不惜。這種個性固然可改革、變造新氣象、除舊佈新，使時代進步，也可能創造更美好的人生。但由於是先破壞再建設，若破壞力太大、太強，以至於達到無法重新建設的目標，亦或是建設復原的速度太慢，這終極破壞就成了命運中美好事物的終結者了。

命宮中有貪狼星坐命的人（包括紫貪，武貪，廉貪坐命的人），皆有極強的活動與運動力量，這是一種『生』的力量，也是一種『貪求』的力量，沒有這種『生』的本能，和『貪求』的慾望，世界便很難進化到好的一面，文明的一面去。

其實我們由這些資訊中也可觀測到『殺、破、狼』格局，實在與五行局中長生十二神所行之運氣循環是有相同的關係。例如屬於『貪狼』的部份是胎、養、長生、沐浴。屬於『七殺』的部份是冠帶、臨官、帝旺、衰。屬於『破軍』的部份是病、死、墓、絕。

如此一來，我們對於人生中之動盪的產生，明瞭了其來有自的合理性，自然也就不會再恐懼不安了。相反的，我們還可利用『殺、破、狼』人生動盪的震盪點來做人生改革及修正。

1. 先談『破軍』年份的利用

破軍有好戰、掠奪的特性，同樣也有不畏艱難，所向無敵的勇敢精神。實際上每個人在逢到『破軍』的流年、流月中，你都不再會是扭扭捏捏的人。在這一年中你會有理想，有抱負，並且對於積習難改的陳痾舊病，也都很想一一清除。這是掃蕩陳舊污穢，積極想改革，佈置新氣象的一年。

破軍是耗星，因此亦有破耗的特性。除舊佈新的時候，當然會捨棄一些東西，這種破耗是暫時性的問題。也可以利用破軍當值的流年、流月來投資。把破耗當做出財留用，以備將來行旺運時可有好的收成。

『破軍』當值的流年、流月中，你也可利用做為開疆拓土，積極向外發展，開啟新企機的時機。因為在這段時間內，你本身的性格也會受到破軍星的影響，而產生多疑，喜歡打破沙鍋問到底，對懷疑的問題絲毫不放鬆。並且你可以忍受別人無理的態度，因為你也會回敬回去，絲毫沒有吃虧的感覺。並且在這段時間內，你的交友標準也會放鬆，可以忍受不同性格、行業、思想的人，並對他們產生好奇心。因此你的人緣關係打開了，形成了更多的新企機可資利用。

2.『七殺』年份的利用

七殺星是戰將星，也是財星，它有頑固、拚命、達成使命的特性。七殺既是將星，當然也有掠奪的本性。但是它重視自身使命的完成和達成成功目標的企圖心。在『七殺』運程裡，你是個只知埋頭苦幹，極力衝刺的人。任何人不能改變你的決心，任何人也不能阻擾你邁向成功的目標。否則你會與對方衝突起來。

七殺運是忙碌的，只看得見奮鬥目標和戰利品的忙碌，完全無視於旁人的流言誹語和干擾。

因此在七殺運中，沒有人是不成功的。在事業上的表現與成就，也將是歷年來最高的奮鬥經驗了。

七殺和破軍的奮鬥力量不同，七殺是向外賺取，只進不出，較沒有破耗的困擾。在行『七殺』運的人，會以體力做投資，而不會以金錢去做投資。因此若要說『七殺運』還有破耗的話，那就是身體的消耗和傷災了。而破軍的消耗是各方面的消耗，包括金錢、體力、精神、血光、消耗較多較嚴重。

3.『貪狼』年份的利用

貪狼星是貪星、桃花星、偏財星、好運星。它有貪赧、好色、人緣好、油滑、暴發力、變化多端，很快轉彎等等的特性。它和前二星在人生中的脈動是有很大的不同，並且是壁壘分明的。貪狼星有『生』之德，可造就萬物、萬事。這是一種才藝的表現及創造力的表現。因此在『貪狼運』的年份中，是好運部份展現得多，而幾乎沒有壞運的。若要認真來檢討它的惡質，那恐怕只有『嫉妒』的問題和『好貪』的問題是讓人煩惱的了。但是不要忘了，人就是因為『貪』而有了慾望，才能創造更美好的人生，因此『貪狼運』也不能不說它是極富有奮鬥原動力，以及能創造、裝飾、享用美好成果的這麼一個好運年了。

貪狼運有利於考試、升官、暴發意外之財，開展人際關係，並且把慾求從虛無而變假成真。把名聲、地位、權勢全都攏絡過來一手掌握。這麼好的『貪狼運』是任誰也不捨得放棄的呀！

《有關『殺、破、狼格局』詳細解說，請看法雲居士所著『好運隨你飆』一書》

第三個步驟：斷其人之人生陰陽晦旺的順利度

人生陰陽晦旺的順利度，首重命盤格式中太陽星與太陰星的位置。我們都知道太陽與太陰對人類生存條件的影響很深，當然就直接影響到我們人的命程與運程。

我們把所有的命盤格局來做一個檢討，就會發現在以紫微星做領導的十二個命盤格式中，有一半的命盤格式中的太陽星與太陰星是居旺的，有一半的命盤格式中的太陽、太陰星是居陷位的。

太陽居旺的命盤格式有：

『紫微在巳』、『紫微在午』、『紫微在未』、『紫微在申』、『紫微在酉』、『紫微在戌』。

太陽居陷的命盤格式有：

『紫微在子』、『紫微在丑』、『紫微在寅』、『紫微在卯』、『紫微在辰』、『紫微在亥』。

太陰居陷的命盤格式有：

『紫微在子』、『紫微在丑』、『紫微在寅』、『紫微在酉』、『紫微在戌』、『紫微在亥』。

由上述的統計來看，真正合乎『日月反背』格局的，只有『紫微在子』、『紫微在丑』、『紫微在寅』、『紫微在亥』。四個命盤格式的人。因此我們大約也可瞭解到世界上大概有三分之一的人有這種『日月反背』的格局。

在命理上『日月』各得其位的人，一生比較順暢，在人生經歷上，雖辛苦而有代價。而日月不得其位（日落陷，月也陷）的人，一生晦暗的日子較多，在人生的奮鬥力上，也顯現出先勤後惰的狀況。

通常太陽主貴，太陰主財，日月皆旺的人，一生可享用的富貴較多。日月反背的人，欲得富貴須勞碌終生，還不一定得到好結果。而日月得其位的人，性格較陽剛、穩重正派，一生吉運較多。有『日月反背』格局的人，性格較陰柔，做事多進退，無法有始有終，一生吉運也較前者少。

第四個步驟：斷其人災禍年限。

在人的一生中，有運氣的起伏，年干羊刃的刑剋，化忌星的制肘等等問題很多。我們必須先找出六煞星所在的宮位，看看此六煞星是否是在三合宮位上？有沒有危害到命宮、身宮？其次再看六煞星（擎羊、陀羅、火星、鈴星、地劫、天空）以及化忌星有沒有形成惡格？有的話，它們是存在哪幾個宮位中？而這些宮位地支，就是災禍的年限。

例如一般人較容易形成的『廉殺羊』格局，容易因車禍而傷亡。『巨、羊、火』格局，容易因火災傷亡或自殺。其他還有『羊陀夾忌』，『羊陀迭併』、『七殺重逢』等。不僅如此，及七殺、擎羊、破軍等惡星行運疾厄宮、田宅宮時，會有開刀住院的狀況。凡此種種必須一一去探究。

第五個步驟：斷其人流年好壞。

看流年好壞以當值宮位主星為主，例如兔年即看卯宮主星，主星為吉星，煞少吉多為吉，財星入座則主財、官星入座則主貴。再看三合宮位（如卯年則再要看未、亥二宮）有無煞星來沖照？無煞星，或少者為吉。煞星沖照者多，無吉有禍。若能形成吉格如『陽梁昌祿』，則有吉慶，上進之事。若形成惡格，當要小心為是。

其次再看流年化星的轉移，座落何流年宮位？流年化權、流年化祿、流年化科，相照命宮或相照各宮位主吉。流年化忌相照各宮位主凶。並且要把流年祿、流年權、流年科細細推敲其所在的宮位。即知是那些方面較佳。如在官祿宮，主事業順利多財祿，或主貴。在財帛宮，則財運順利等。更要把流年忌的方位弄清楚（在人宮或事宮）？流年忌的主星所司何事？如文昌化忌在事業宮者，小心契約、文書、著作等錯誤災禍降臨，在田宅宮者，小心房地產買賣契約有問題等等。《『三分鐘算出紫微斗數』中有『流年、流月、流時』的看法》

『論命』，實際上是考驗一個人在學習命理過程中，知識獲得的多寡以及細心的程度如何的問題。時間要弄對，不可有偏差，排演命盤要小心，書要多看、社會、經濟等大環境要瞭解，格局要清楚，自然可以『論命』詳實了。

第156頁增補訂正內容

貪狼在『辰、戌』入命宮

貪狼在『辰、戌』入命宮時，是獨坐居廟位的，對宮有相照的武曲星也居廟。表示出生時的環境富裕，也一生都生活在富裕的環境之中。其人會性格堅強、剛毅、守信諾、熱心政治、好掌權力。並且命、遷二宮形成『武貪格』暴發運格。一生有多次的暴發運和偏財運，能具有大富貴，也能成為億萬富翁。若再有『陽梁昌祿』格的人，能成為大企業財團的領導人、總裁之職。己年生有貪狼化權在命宮，亦有武曲化祿在遷移宮的人主有大富貴，專業會有成就、財官雙美。庚年生，有武曲化權在遷移宮的人，做武職軍警業，或從事政治，能得高位。戊年生，有貪狼化祿在命宮的人，為人圓滑、好運多、賺錢容易、易於經商。

貪狼坐命辰、戌宮的人，若與文昌、文曲同宮，主多虛少實，頭腦不清，做人不實在、易說謊話。坐命在辰宮的人，亦能有斯文或文化水準高的人生。坐命在戌宮，則外形粗俗、文化水準低。有擎羊、陀羅入命宮的人，為『刑運』格局，會運氣差一些，人生中有刑剋不順或起伏多端，為普通命格的人，命格中為貪狼化忌入命的人，亦和有羊陀之人一樣為『破格』，會頭腦不清、保守、運氣不順。命宮中有天空、地劫同坐命宮的人，為『運空』或『劫運』的格局，也會失運或有運氣不佳、人緣不好、桃花少的問題。這些有瑕疵命格的人，皆宜做上班族，有固定收入為佳。

貪狼坐命『辰、戌』宮的人，若命宮中有火星或鈴星同在命宮，是『火貪格』或『鈴貪格』加『武貪格』，屬於雙重暴發格的人。會脾氣古怪，但有極強的暴發運，也能多暴發錢財，但人生是大起大落形態的，也容易暴起暴落。

命理生活新智慧・叢書

紫微斗數全書詳析

《上、中、下、批命篇》四冊一套

◎法雲居士◎著

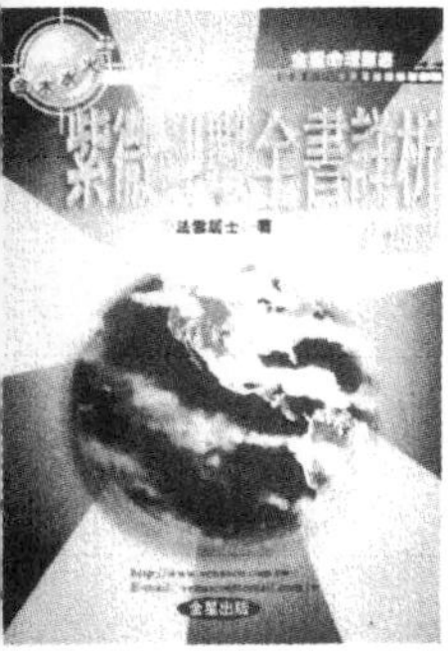

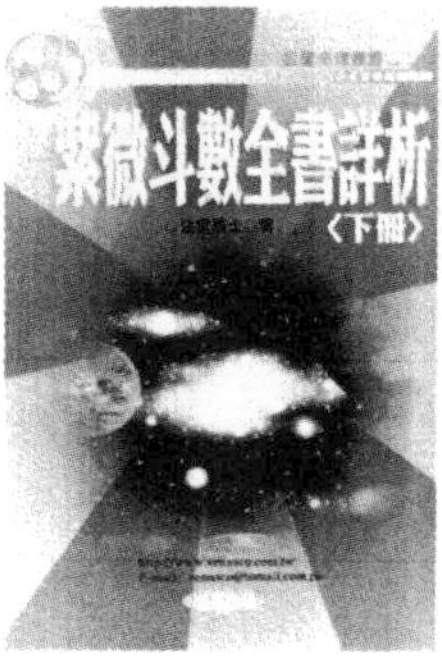

『紫微斗數全書』是學習紫微斗數者必先熟讀的一本書。但是這本書經過歷代人士的添補、解說或後人在翻印上植字有誤，很多文義已有模糊不清的問題。

法雲居士為方便後學者在學習上減低困難度，特將『紫微斗數全書』中的文章譯出，並詳加解釋，更正錯字，並分析命理格局的形成，和解釋命理格局的典故。使你一目瞭然，更能心領神會。

這是一本進入紫微世界的工具書，同時也是一把打開斗數命理的金鑰匙。

紫微姓名學

法雲居士⊙著

『紫微姓名學』是一本有別於坊間出版之姓名學的書。

我們常發覺有很多人的長相和名字不合，因此讓人印象不深刻。
也有人的名字意義不雅或太輕浮，
以紫微命格為主體所選用的名字，
是最能貼切人的個性和精神的好名字，
當然會使人印象深刻，
也最能增加旺運和財運了。
『姓名』是一個人一生中重要的符號和標幟，
也表達了這個人的精神和內心的想望，
為人父母為子女取名字時，就不能不重視這個訊息的傳遞。

法雲居士以紫微命格的觀點為你詳解『姓名學』中，
必須注意的事項，助你找到最適合、助運、旺運的好名字。

如何創造事業運

法雲居士⊙著

人生中有千百條的道路，但只有一條，是最最適合你的，也無風浪，也無坎坷，可以順暢行走的道路，那就是事業運！
有些人一開始就找對了門徑，因此很早、很年輕的便達到了目的地，成為事業成功的菁英份子。有些人卻一在茫然中摸索，進進退退，虛度了光陰。

屬於每個人的人生道路不一樣，
屬於每個人的事業運也不一樣，
要如何判斷自己是否走對了路？一生的志業是否可以達成？地位和財富能否得到？在何時可得到？

每個人一生的成就，在紫微命盤中都有顯示，法雲居士以紫微命理的方式，幫助你檢驗人生，找出順暢的路途，完成創造事業運的偉大工程！

如何觀命・解命
如何審命・改命
如何轉命・立命

法雲居士⊙著

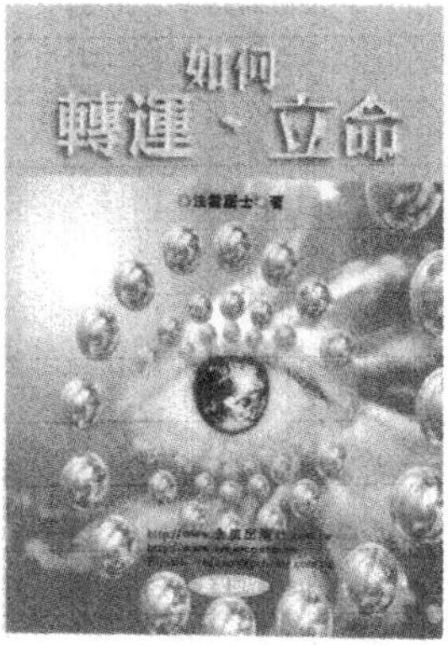

古時候的人用『批命』，是決斷、批判一個人一生的成就、功過和悔吝。
現代人用『觀命』、『解命』，是要從一個人的命理格局中找出可發揮的潛能，來幫助他走更長遠的路及更順利的路。
從觀命到解命的過程中需要運用很多的人生智慧，但是我們可以用不斷的學習，就能豁然開朗的瞭解命運。

一般人從觀命開始，把命看懂了之後，就想改命了。
命要怎麼改？很多人看法不一。
改命最重要的，便是要知道命格中受刑傷的是那個部份的命運？
再針對刑剋的問題來改。
觀命、解命是人生瞭解命運的第一步。
知命、改命、達命，才是人生最至妙的結果。

這是三冊一套的書，由觀命、審命，繼而立命。由解命、改命，繼而轉運，這其間的過程像連環鎖鍊一般，是缺一個環節而不能連貫的。
常常我們對人生懷疑，常想：要是那一年我所做的決定不是那樣，人生是否會改觀了呢？
你為什麼不會做那樣的決定呢？這當然有原因囉！原因就在此書中！

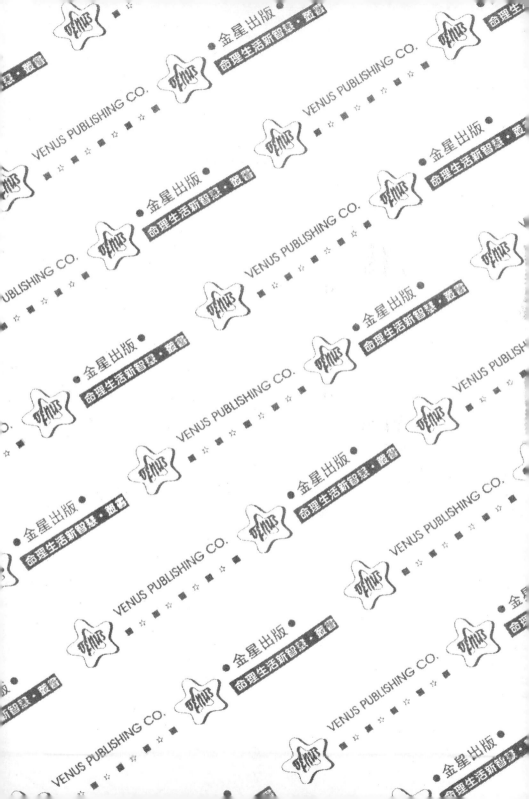